Toma un café contigo mismo

Doctor Walter Dresel

Toma un café contigo mismo

*La importancia del encuentro
con la Autoestima como clave
del éxito en la vida*

Planeta

Dresel, Walter
   Toma un café contigo mismo.- 1ª ed. – Buenos Aires : Planeta, 2005.
   288 p. ; 21x13 cm.

   ISBN 950-49-1414-4

   1. Superación Personal I. Título
   CDD 158.1

Diseño de cubierta: Carolina Cortabitarte
Diseño de interiores: Orestes Pantelides

© 2003, 2005, WALTER DRESEL

Derechos exclusivos de edición en castellano
reservados para todo el mundo:
© 2005, Editorial Planeta S.A.
Cuareim 1647 (11100) Montevideo, Uruguay
Grupo Editorial Planeta

9ª edición en Editorial Planeta S.A. (Uruguay)
1ª edición en este formato:
4.000 ejemplares

ISBN 950-49-1414-4

Impreso en Gráfica MPS SRL,
Santiago del Estero 338, Gerli,
en el mes de octubre de 2005.

Hecho el depósito que marca la ley
Impreso en la Argentina

"De acuerdo con el art. 23 de la ley 15.913 del 27/11/87: El que edite, venda, reproduzca o hiciere reproducir por cualquier medio o instrumento, total o parcialmente, una obra inédita o publicada sin autorización escrita de su autor o causahabiente que su adquirente a cualquier título o la atribuya a autor distinto, contraviniendo en cualquier forma lo dispuesto en la presente ley, será castigado con pena de tres meses de prisión a tres años de penitenciaría", por lo que el editor se reserva el derecho de denunciar ante la justicia Penal competente toda forma de reproducción, transmisión, o archivo en sistemas recuperables por cualquier medio, sea mecánico, electrónico o grabación de este ejemplar, sin autorización previa.

Dedicado a:

Todos los seres humanos que sentimos hoy la necesidad de un cambio: el cambio de creer en nosotros mismos y en la esperanza de que nuestros principios y valores sean los pilares fundamentales en la ardua tarea de recuperar la alegría de vivir.

Prólogo

La gentil invitación del doctor Walter Dresel a prologar *Toma un café contigo mismo* constituye una experiencia nueva para mí.

No soy un especialista en la materia, ni un adicto al género, ni siquiera un paciente en apuros...

Durante cuarenta años de trabajo profesional como funcionario del Ministerio de Educación de España, en puestos de diversa y creciente responsabilidad, he tenido que afrontar muchas situaciones complicadas, resolver miles de problemas y tomar un sinfín de decisiones comprometidas.

La información, lo más exhaustiva posible, y una cierta capacidad para el análisis, bien aferrado al timón, me han facilitado la toma de decisiones sin incurrir en vacilaciones o debilidades perceptibles.

Avanzar por las sugerentes páginas de *Toma un café contigo mismo* me condujo a la inevitable identificación de rasgos personales que no habitan en los espacios de mi conciencia cotidiana. Descubrirlos me hizo feliz.

El autogobierno; una autoestima elevada; un talante constructivo y habitualmente optimista (mi fórmula de computar seis fracasos por un éxito...). Discernir y evaluar las cuotas de responsabilidad de los demás y las mías...

Un cierto distanciamiento del conflicto, la longitud de una pipa al menos, y una adecuada suavización del dramatismo con una bocanada de humo azul...

Asumir el protagonismo y sus servidumbres; distinguir a los molinos de los gigantes; ser conscientes de que si ladran es porque cabalgamos; escalar montañas para descubrir nuevos horizontes y utopías, poseer una sólida capacidad de resistencia a los golpes y una paciencia, a ser posible infinita, constituyen unos cuantos hábitos de mi gran aventura de vivir.

Walter Dresel, cartesiano, metódico, lógico, directo, evidente, racional, claro, útil, ameno, facilitador, desenreda la madeja, simplifica la complejidad y ayuda a cicatrizar las heridas, que son, al fin y al cabo, nuestras más nobles condecoraciones existenciales.

¡Felicitaciones, doctor! *Toma un café contigo mismo* será un éxito. Se lo dice quien, a lo largo de una apasionante trayectoria vital, ha tomado miles de cafés consigo mismo.

Ilmo. Sr. Consejero de Educación
Don Pedro Caselles Beltrán
Embajadas de España en Buenos Aires,
Montevideo, Santiago de Chile y Asunción.

NOTA: La abreviatura Ilmo. al pie del prólogo corresponde a la palabra Ilustrísimo, distinción otorgada en España.

Introducción

Es la ley de la vida que cada vez que se nos cierra una puerta, se nos abre otra. Lo malo es que con frecuencia miramos con demasiado ahínco hacia el pasado y añoramos la puerta cerrada con tanto afán, que no vemos la que se acaba de abrir.

Albert Schweitzer

Pasamos una parte importante de nuestra vida emitiendo juicios sobre todos los acontecimientos que nos vemos obligados a enfrentar y sobre la actitud que asumen las personas con las que interactuamos, ya que nuestra existencia se desenvuelve en un marco social.

Sin embargo, en un momento determinado, y estimulados por las circunstancias, necesitamos abordar con honestidad y valentía el juicio que nos merece nuestra propia persona, analizando la imagen que nos hemos creado y cotejando nuestros principios sustentados en valores éticos y morales con el sentido de nuestra vida y con el acierto, o no, de nuestras elecciones y decisiones.

Momento crucial, éste, que provoca una verdadera conmoción en nuestro esquema de vida, porque comenzamos a cuestionarnos seriamente si los conceptos que hemos manejado como verdaderos hasta el presente seguirán siéndolo, a punto de partida de la evaluación que nos merece nuestro comportamiento.

La frecuencia de situaciones vividas como fracasos, con el consiguiente sentimiento de pérdida y la cuota importante de frustración agregada por no poder cumplir con nuestros deseos y necesidades, nos impulsa a revisar nuestra responsabilidad en la génesis de estos hechos.

En el mismo instante en que nos disponemos a quitarnos aquellos disfraces que han estado ocultando nuestra verdadera persona, a veces por décadas, nos encontramos con el verdadero ser que somos, dispuestos a hacernos cargo de nuestros errores, pero también a salir al mundo en la nave de nuestras virtudes, para demostrar, a nosotros y a los demás, que somos seres humanos con opciones, con posibilidades, y que mañana será un día nuevo para vivirlo con la luz intensa del sol que realza el brillo de nuestra persona.

En este libro hemos de admitir nuestra vulnerabilidad frente a las situaciones adversas, lo cual nos alivia la culpa al permitirnos comprender que como individuos tenemos derecho al error y que en la búsqueda del éxito personal está agazapado el fantasma del fracaso, con su halo de oscuridad, tristeza e impotencia.

Abordaremos, asimismo, el impacto que las experiencias vividas como fracasos tienen sobre los componentes fundamentales de la autoestima, que son la confianza y el respeto por nosotros mismos. Emerger de estas situaciones sin adoptar el rol de víctimas requiere también de un análisis profundo y objetivo.

Todo acontecimiento puede ser interpretado de más de una forma, y todo dependerá del cristal con que estemos observando nuestro mundo exterior, pero también nuestro mundo interior. Si los fracasos son juicios sobre sucesos de nuestra vida, cuando cambiamos el juicio que nos merece el hecho en sí mismo estamos también modificando sus repercusiones sobre nuestro estado de ánimo.

En tiempos difíciles, y cuando estamos sumidos en agudas crisis personales, perdemos la perspectiva de nuestro derecho natural al bienestar y a que sean respetados nuestros espacios y límites, en salvaguarda de nuestra integridad y del necesario equilibrio emocional.

Todos somos capaces de desarrollar una sana autoestima, en la medida en que nos fijemos metas accesibles y lógicas. Existen períodos de transición entre el impacto que causan las experiencias negativas en nuestro cuerpo emocional y la cicatrización de las heridas del alma que estos episodios producen. Este tiempo lo utilizaremos para hacer un balance existencial y generar una nueva forma de pensar y ver la realidad.

La autovaloración surge del diálogo interno y de la toma de conciencia sobre la necesidad de instrumentar cambios que nos permitan vivir mejor. Tomar un café con uno mismo facilitará la tarea en la que estoy dispuesto a ayudarlo, aunque debo adelantarle que las decisiones siempre son personales, y no pueden ni deben ser tomadas bajo el influjo del criterio de otra persona, aunque ésta sea de nuestra total confianza.

Llegará el día en que usted percibirá su nueva identidad y estará en condiciones de volver a interactuar con todos los seres humanos mostrando una autoestima saludable y con total conciencia de sus logros, que serán bien recibidos por quienes lo rodean, que a punto de partida de su transformación han de respetarlo y dispensarle el trato que usted se merece.

No tema, la travesía comienza aquí, no se detiene nunca, pues la Excelencia en Calidad de Vida es un anhelo que todos tenemos. El destino final es transformar su manera de pensar y de sentir respecto de sus derechos, y también de sus obligaciones, para poder así retomar la conducción de su vida, sabiendo fehacientemente hacia dónde ha de dirigirla.

De la misma manera en que lo hice con *El lado profundo de la Vida*, pongo este material a su disposición y a su juicio, deseando serle útil para sobrellevar con dignidad estos tiempos difíciles, y contribuir con este aporte a estimularlo para que se inicie en el camino del autoconocimiento y la autovaloración, que se convertirán a la postre en el soporte principal del desarrollo de su autoestima.

Dr. Walter Dresel

PRIMERA PARTE
La vulnerabilidad del ser humano frente a las pérdidas

Capítulo 1
Análisis del impacto de los fracasos

> *El camino hacia el triunfo se vuelve solitario porque la mayoría de los hombres no está dispuesta a enfrentar y vencer los obstáculos que se esconden en él. La capacidad de dar ese último paso cuando estás agotado es la cualidad que separa a los ganadores de los demás corredores.*
>
> Edward Le Baron

El impacto que los acontecimientos vividos como fracasos producen a lo largo de nuestra Existencia está íntimamente ligado al grado de sensibilidad que cada uno de nosotros posee, y a la manera en que somos capaces de manejar nuestras emociones.

En la medida en que la vida nos coloca en situaciones en las que "debemos" sentir de una determinada manera pues hemos sido programados para ello, comprendemos con facilidad qué es la tristeza y la alegría, qué son los éxitos y lo que significan los fracasos.

Esto hace que los sentimientos que nos embargan cuando atravesamos por profundas crisis personales sean, en términos generales, similares; lo que señala la diferencia entre unas personas y otras es cómo manejamos lo que estamos sintiendo, y qué tiempo nos lleva procesar adecuadamente esa sensación tan desagradable que nos identifica con el fracaso.

Durante un cierto tiempo de nuestra vida creemos que somos inmunes o que podemos evitar el tener que pasar por estas experiencias, que tienen como común denominador los sentimientos de pérdida y que lesionan tan duramente nuestra autoestima.

Es muy probable que usted, que está comenzando a leer este libro, ya haya tenido que enfrentarse en más de una oportunidad a situaciones que han hecho trizas el juicio que usted tenía de su propia persona, y que haya experimentado ese sentimiento de impotencia frente a la vida.

En el otro extremo de la misma línea, y sobre todo si usted es muy joven, quizá no tuvo aún esa riquísima experiencia de ser derrotado, de haberse arriesgado a algo porque creía que era su camino; lo invito a enfrentarse a este desafío, que lleva en su núcleo las respuestas más contundentes a los interrogantes de la Existencia.

Lo cierto es que, si no hemos tenido la experiencia, en algún momento hemos de vivirla, y la razón de ello es muy sencilla: cada vez que intentamos algo nuevo, sea en el campo que fuere, nos exponemos a muchos riesgos, y uno de ellos es el de no lograr nuestros objetivos.

Vivir es arriesgarse a fracasar

Cada vez que nos atrevemos a salir al mundo en busca de algo que nos conmueve, de algo que nos causa satisfacción, debemos hacerlo sabiendo que una de las posibilidades es fracasar. Esto está incluido en el precio de vivir, en el impuesto que debemos pagar en pos del éxito.

Sólo permaneciendo en la mediocridad, es decir, evitando el esfuerzo, quedándonos donde estamos, podremos postergar por un tiempo la desagradable sensación de haber "perdido" algo; y digo postergar, porque la inmovilidad acrecienta nuestra impotencia frente a los desafíos básicos de la Vida.

Convengamos en que es más fácil hablar del éxito, los triunfos y alegrías que sumergirnos en las tinieblas del fracaso y del dolor que éste nos provoca. Innumerables libros, conferencias y seminarios abordan el éxito desde distintos ángulos, creando una falsa imagen de un ser humano que todo lo puede y olvidando maliciosamente una de las posibilidades que con mayor frecuencia puede presentarse en la toma de nuestras decisiones: equivocarnos, errar y, por ende, fracasar.

Estas últimas son posibilidades reales, humanas, nuestras, mías y suyas, que nos hacen sentir que tenemos derecho a ganar, pero que también lo tenemos a perder. Sin duda el fracaso lleva implícito en su concepción el sentimiento de pérdida; pero con frecuencia también podemos ganar mucho con este tipo de vivencias.

Una experiencia invalorable es vivir en carne propia lo que significa caer hasta lo más bajo y sentir que no encontramos el camino, que todo está oscuro y que la esperanza se desvanece, hasta que un rayo de luz nos señala hacia dónde tenemos que ir para ser protagonistas de nuestra reconstrucción. El fracaso nos torna más humildes, más reflexivos y más permeables a escuchar a quienes tienen más Sabiduría que nosotros.

Los fracasos son sucesos que templan el alma y el espíritu, y nos van fortaleciendo para ayudarnos a enfrentar nuevamente la Vida, con un aire renovador que nos estimule a lograr nuestros objetivos.

Cómo interpretamos los fracasos

Si intentamos cambiar nuestra programación mental podremos apreciar que cuando fracasamos estamos emitiendo automáticamente un juicio de valor sobre los hechos en sí mismos. No los evaluamos de manera objetiva e imparcial, porque estamos subjetivamente involucrados, y eso complica mucho la apreciación real de la situación por la que atravesamos.

Hay un punto en el análisis de estos sentimientos de pérdida tan invalidantes que considero clave, y es que debemos establecer una diferencia clara entre el acontecimiento tal cual es y el juicio de valor, que casi automáticamente emitimos, respondiendo a lo que vivimos como profunda agresión hacia nuestra persona.

Esta diferenciación es fundamental a la hora de interpretar el impacto que el fracaso ha producido en nosotros, y nos dará también la pauta de las condiciones en que nos encontramos para comenzar a desarrollar nuestra autoestima, luego del temporal devastador al que hemos asistido, casi siempre en forma totalmente involuntaria.

Existen fracasos explícitos, visibles, que cualquier persona puede apreciar y que representan consecuencias lógicas de situaciones a las que nos vemos sometidos en el libre juego de la Vida. Perder un trabajo o no poder alcanzar las metas que nos hemos propuesto son escenas que estarían enmarcadas dentro de este concepto.

Pero hay otros "fracasos", que no se ven desde el exterior, que no tienen marquesinas luminosas, sino que se viven en el interior mismo de cada ser humano, y que reflejan su profunda decepción respecto de lo que le está tocando vivir. Estas formas "encubiertas" de fracaso son mucho más turbulentas y generan gran desasosiego y ansiedad en quien las está atravesando.

Lo que unifica todas las formas de fracaso es el hecho de que todas representan un **SENTIMIENTO DE PÉRDIDA**, sin el cual el acontecimiento no toma ese cariz.

El fracaso vulnera severamente nuestra autoestima, pues rápidamente confundimos el hecho en sí mismo con nuestra capacidad de respuesta y con nuestros merecimientos, referentes al derecho al bienestar y a vivir de acuerdo con nuestros principios.

Es como que todo se mezcla en ese verdadero vendaval de sentimientos encontrados donde buscamos culpables, responsables, y descargamos nuestra ira y nuestra frustración, a veces donde no debemos, generando así aún más confusión en nuestro interior.

Cuando nos toca vivir esta dolorosa experiencia, el primer pensamiento que nos acosa es por qué la Vida se ha ensañado con nosotros, por qué somos víctimas de semejante injusticia, sin reparar en que hay muchísimas personas que están atravesando por la misma situación o que lo han hecho en su momento.

Claro que esto no es un consuelo que pueda mitigar nuestra sensación de haber sido literalmente destruidos por el fenómeno en sí mismo, pero debe hacernos reflexionar, para comprender que no estamos solos en esta batalla por la recuperación de nuestra identidad y nuestra autoestima.

Cuando caen los modelos

El mundo está atravesando por procesos de cambios macroeconómicos que, en el contexto de la situación concreta de cada región o país, repercuten duramente sobre nuestras expectativas de crecimiento y desarrollo. Esto genera una gran inestabilidad, pues percibimos el desmoronamiento de modelos que creíamos inamovibles, resultando finalmente que la única seguridad que tenemos es la confianza de creer que seremos capaces de manejar la inseguridad que estos acontecimientos nos provocan.

Para que esto suceda nuestra autoestima debe estar intacta; es más, debe estar sustentada en la convicción de que seremos capaces de reconstruir nuestra realidad, a punto de partida de nuestros principios y nuestros valores, recurriendo a esa energía potencial que todos albergamos.

Entre los tantos aprendizajes que incorporamos a lo largo de nuestra experiencia vital, uno de los más enriquecedores es visualizar nuestra responsabilidad en la génesis de los fracasos. Esto significa que no dejamos pasar los duros momentos que nos tocan vivir sin extraer de ellos una enseñanza que nos haga crecer y madurar, a punto de partida de los avatares de la Existencia.

Vivimos en sociedades donde la relación entre ganadores/perdedores cobra una relevancia inusitada. Si bien el concepto de Excelencia aplicado a la vida de los seres humanos representa una meta de superación personal y el deseo de crecer como personas nos aproxima al concepto del éxito, no es necesario vivir obsesionados por la creencia de que si no logramos siempre el primer lugar somos indignos de nosotros mismos.

En la mayoría de los deportes de competición siempre debe haber un ganador y un perdedor. Nuestra vida, en cambio, si bien está colmada de desafíos que nos ponen a prueba cotidianamente, no es asimilable a un partido de fútbol, tenis o básquetbol, por lo que debemos aprender a desarrollar la tolerancia a la frustración.

Esto significa que cuando las cosas no salen como nosotros deseamos debemos darnos otra oportunidad, confiando en nuestra capacidad para superarnos, y aprender a aceptar que no siempre podemos dar cumplimiento a lo que aspiramos, porque a veces se interponen circunstancias que no pueden ser manejadas por nuestra voluntad.

La importancia de los fracasos

Tolerar la frustración significa ante todo que somos humanos y que, por lo tanto, podemos ganar o perder, pero eso no necesariamente debe afectar nuestra autoestima, que es nuestro patrimonio más importante.

Sin embargo, constantemente tratamos de protegernos de los fracasos como si éstos fueran una enfermedad infecto-contagiosa, y transmitimos este sentimiento a quienes nos rodean.

Sé que es difícil aceptar que podemos ser perdedores, pero si logramos detenernos tan sólo un instante en esta posibilidad, percibiremos en toda su dimensión las oportunidades que nos brindan estas situaciones para conocernos realmente y corregir los errores que hayamos cometido, intentando de nuevo las cosas con un pensamiento fresco y con alegría de vivir.

Seamos honestos y reconozcamos que no aceptamos el fracaso como moneda de cambio. Y, lo que es más grave aún, la mayor parte de las veces no nos creemos capaces de poder sobrevivir a estos episodios.

Pero yo afirmo y reafirmo que es importante fracasar; en primer lugar, para demostrarnos a nosotros mismos que sobreviviremos a la furia de estos vientos huracanados y que hemos de emerger de éstos fortalecidos, para enfrentar las inevitables situaciones a las que la Vida nos ha de exponer en un futuro más o menos cercano.

Si somos humildes, tenemos mucho que aprender de estos episodios, cuando la oportunidad se presenta. Vea… el fracaso nos obliga a reflexionar sobre las opciones que tenemos cuando analizamos nuestro futuro.

La Vida muchas veces no nos da la oportunidad de detenernos a pensar si podemos o no seguir adelante. Usted decide lo que hace: o se queda allí estancado, llorando y sufriendo por su mala suerte, o, por lo contrario, hace algo. Y no importa qué: el solo pensar en hablar con otro, consultar a alguien, pedir un consejo, ya significa un cambio positivo, porque abre sus ojos a un horizonte de alternativas.

El impacto que estas experiencias tan particulares tienen sobre el género humano va a depender, en gran proporción, de cuál es el concepto que cada uno de nosotros tiene sobre este fenómeno.

Y, a propósito, seguramente todos nos hemos preguntado alguna vez: ¿QUÉ SIGNIFICA UN FRACASO PARA MÍ?

Aquí, la libre interpretación vuela a través de los cielos de nuestros pensamientos, adjudicándole todo tipo de explicación, y no pocas veces todo tipo de justificación, por la hostilidad del entorno que interactúa con cada uno.

Pero vayamos definiendo cautelosamente estos acontecimientos, para ver si nos ponemos de acuerdo y logramos comprender por qué, como decíamos al principio de este capítulo, todos sentimos cosas muy parecidas ante el impacto de los fracasos.

- Es la apreciación de un hecho, y por lo tanto ésta es subjetiva.
- Este hecho se desarrolla en una etapa de nuestra vida.

- No hay razón para pensar que se convertirá en una situación estable a lo largo de nuestra Existencia.

La manera en que cada uno valora los acontecimientos va a definir en el futuro cuál va a ser nuestro manejo de la situación. Es importante tener en claro que no son los hechos en sí mismos lo que más importa, sino en qué momento nos suceden, y cómo estamos equipados espiritualmente para enfrentarlos del modo adecuado.

Los cinco peldaños

Veamos ahora en detalle lo que experimentamos cuando tomamos conciencia de que estamos atravesando por una situación que vivimos como un verdadero fracaso. En realidad hemos sufrido un golpe muy duro, que hace temblar nuestra identidad, pues nos sentimos destruidos, enojados y con una mezcla simultánea de culpa e impotencia.

Es como si una bomba hubiera estallado cerca de nosotros, dejándonos atontados por el estruendo y la confusión. Lo primero que recibe el impacto y el daño es nuestra autoestima, que se ve súbitamente conmocionada por un hecho al que en un principio no podemos explicar ni encontrarle justificación.

Generalmente recordamos el principio de esta penosa travesía como un momento de gran inestabilidad emocional, donde todos nuestros esquemas preconcebidos en cuanto a nuestra seguridad exterior caen con estrépito, dando lugar al comienzo de un recorrido en donde iremos ascendiendo por una escalera que nos pondrá en contacto con nuestra reconstrucción como seres valiosos para la Vida.

Los cinco peldaños hacia una nueva autovaloración son:

1º peldaño: el impacto inicial;
2º peldaño: los temores y los terrores;
3º peldaño: la ira y la autocensura;
4º peldaño: el juicio de quienes nos rodean;
5º peldaño: la esperanza o la desesperanza; nuestra elección.

La rapidez con que cada uno recorre este trayecto de transformación en una nueva persona, preparada, ahora sí, para enfrentar el mundo, es muy variable, y estará en función de la capacidad para recuperar la confianza y el respeto por sí mismo.

El impacto inicial

Lo primero que nos sucede cuando percibimos la herida profunda que nos causa una pérdida abrupta es el desconcierto. Sabemos que hemos sido duramente golpeados, pero aún no podemos aceptarlo en su total dimensión, pues no nos sentimos merecedores de tal agresión a nuestra persona.

La confusión gana nuestra mente y rechazamos aquellas cosas que momentáneamente no podemos manejar. Podemos sufrir, en esta etapa, repercusiones sobre nuestro cuerpo físico, tales como inapetencia, dolores de cabeza, mareos, dificultades respiratorias, etcétera.

El **IMPACTO INICIAL**, que es el primer peldaño, donde todavía estamos, en cierta manera, tendidos por la intensidad de la agresión, conlleva un primer tiempo en que quedamos literalmente inmovilizados por el asombro frente a lo sucedido. Luego, una vez que logramos liberarnos de ese estado de impotencia de nuestra mente, tomamos conciencia de que estamos frente a una terrible pérdida.

Si bien la ansiedad puede más que nuestra razón cuando luchamos en contra de un sentimiento de pérdida, no es aconsejable oponerse a la tristeza que nos embarga, sino que debemos buscar la forma de neutralizar el dolor que ha cubierto de sombra nuestra vida.

La reacción natural es actuar y tomar decisiones que contrarresten la injusticia de la que hemos sido objeto, siendo habitual que cometamos grandes equivocaciones, porque actuamos de acuerdo con lo que sentimos y no de acuerdo con lo que es mejor para nosotros, dadas las circunstancias que estamos atravesando.

Lo más aconsejable, en este primer escalón, es quedarse lo más quieto posible y tratar de comprender y que nos comprendan. Lo que seguramente no necesitamos es consejos de cómo tal o cual persona salió de una situación similar, o que nos digan que con buena voluntad todo se arreglará en un futuro. En esos momentos no estamos en condiciones de valorar si lo nuestro es de mayor o menor envergadura de lo que le sucedió a otras personas. Para nosotros se trata del ciento por ciento de nuestro dolor, y tenemos que asumirlo de esa manera.

Lo que todos sentimos frente a una gran pérdida es la necesidad de contención, de que entiendan nuestra contrariedad por lo sucedido. Por sobre todas las cosas, necesitamos percibir que alguien es capaz de acompañar nuestra ira, nuestra frustración y nuestra impotencia, sin darnos consejos que no estamos en condiciones de procesar y sin juzgar acerca de nuestra culpabilidad o inocencia respecto de los hechos de que se trate.

Frente a este impacto inicial lo que se impone es dar rienda suelta a nuestro "yo" herido y esperar que el dolor llegue a su pico máximo y comience luego a disminuir, dando lugar a la posibilidad de ascender al segundo peldaño, que es enfrentarse con:

Los temores y los terrores

Cuando tenemos la sensación de que hemos absorbido el golpe y el terrible dolor comienza a atenuarse, casi sin distancia entre sí aparecen en escena dos enemigos a los que debemos enfrentar.

Los **MIEDOS** son mecanismos de supervivencia cuando tienen que ver con objetos específicos; tal como el dolor o la fiebre, son la luz roja que se enciende como señal de advertencia, para indicarnos que en algún sector de nuestro cuerpo o de nuestra alma hay algo que no está funcionando de manera adecuada.

Otra cosa muy diferente son los terrores o el pánico, porque no solamente nos paralizan sino que pierden su finalidad de protegernos frente a una amenaza potencial.

Una buena pregunta que podemos hacernos es a qué se debe la aparición de esta sensación de minusvalía que tanto nos hace sufrir. Cada ser humano vive en un mundo que tiene un determinado orden, y este orden se ha hecho añicos en un instante. Esa sensación de inseguridad está basada en que el edificio que cuidadosamente habíamos construido a lo largo del tiempo se desmorona frente a nuestros ojos, generando un estado de angustia que no nos permite manejar la idea de que aún pueden presentarse desastres mayores de los que ya estamos viviendo.

Debemos buscar la forma de evitar llegar a esta situación de falta de control que caracteriza al terror, porque, de lo contrario, tendremos que luchar contra dos enemigos simultáneamente: uno, el fracaso que nos duele, y, otro, nuestro enemigo interno, que nos impide ver que a pesar de nuestra tristeza hay aún en nosotros una gran fuerza interior que nos ha de iluminar el camino de la recuperación. Pero esta reconstrucción de nuestra persona todavía no está lo suficientemente madura como para que podamos disfrutarla.

Quedan aún algunos tramos por subir en esta escalera que nos está ayudando a crecer como personas útiles a nosotros mismos. Es ahora el tiempo de ascender el tercer peldaño:

La ira y la autocrítica devaluatoria

Si recorremos el amplio espectro de las distintas conductas humanas, podremos apreciar que, mientras algunas personas son extremadamente sensibles y reaccionan de inmediato frente a cualquier estímulo como ante una agresión, otras permanecen impasibles frente a los distintos acontecimientos de su Existencia. Esto nos obliga a preguntarnos: ¿les es indiferente lo que sucede directamente con ellos o es que no logran exteriorizar lo que sienten como una afrenta a su integridad?

Algunas personas quedan tan afectadas por su fracaso que ni siquiera atinan a enojarse, y pasan del terror a la desesperanza, salteándose peligrosamente algunos peldaños de su reconstrucción.

Al no existir este período de transición que es algo así como una radiografía interna de nuestra sensibilidad, la recuperación se hace más penosa, porque la ira y la autocrítica, siempre y cuando sean pasajeras, son muy recomendables para reforzar la convicción de que somos personas que valemos y que tenemos derecho a sentirnos mal con lo que nos sucede.

En suma, lo que pasó ha calado muy hondo en nuestra manera de ser, y el sentimiento de ultraje está presente y es lo que desencadena la ira. Junto con ella aparece inexorablemente la búsqueda de culpables que carguen con la responsabilidad de que estemos atravesando por una crisis tan profunda.

Recién luego de procesar todas estas actitudes aparece la autocrítica, por medio de la cual buscaremos hacernos cargo correctamente de la cuota de responsabilidad que nos corresponde también a nosotros en la génesis de este fracaso.

Si encontramos culpables, nuestra escala de valores no se verá vulnerada y el "orden de nuestra vida" podrá continuar con los mismos esquemas que hasta el presente. Es decir, asumimos que el origen del daño está fuera de nosotros.

Las cosas comienzan a complicarse cuando debemos admitir con honestidad que en realidad sabíamos que tarde o temprano esto iba a suceder, sólo que no hicimos nada al respecto. La autocrítica es válida en cuanto nos ubica en el justo lugar de nuestra responsabilidad. Se convierte, en cambio, en una práctica absolutamente destructiva en la medida en que la utilizamos para devaluar nuestra persona, y para fustigar con dureza nuestra conducta.

Interrogantes del tipo de "¿Cómo no me di cuenta antes de lo que estaba pasando?", o afirmaciones tales como "No debí haber permitido que las cosas llegaran hasta este punto", sólo sirven ahora para avivar el fuego de nuestra angustia y no para despejar la bruma que nos cubre en esta etapa.

Enojarnos periódicamente nos hace muy bien, porque reafirma que sentimos respeto por nosotros mismos. Es el medio del que disponemos para ejercer nuestro derecho a protestar por las injusticias de las cuales hemos sido objeto.

Ahora, si la ira y la autocrítica destructiva se convierten en una costumbre, iremos perdiendo la confianza en nosotros mismos y llevaremos sobre nuestras espaldas no sólo las culpas fruto de nuestros errores sino también todas las culpas que los demás intentarán proyectar sobre nosotros, y que no nos corresponde cargar.

Finalmente, no se asuste de sus reacciones. Ellas sirven para algo muy concreto: escalar los peldaños de su reconstrucción y por ese camino acercarse a otro período muy trascendente, que es el de tratar de ser impermeables a:

El juicio de quienes nos rodean

Hay personas extremadamente sensibles a la opinión de los demás, y esto les genera mucho temor y vergüenza, cuando se sienten juzgados en relación con los acontecimientos por los que atraviesan.

El qué dirán y el "qué pensarán de mí", son fantasmas que comienzan a rondar en nuestra mente, haciéndonos sentir profundamente culpables no por lo que nos pasó o por cómo nos sentimos, sino por lo que los demás van a pensar de nosotros.

Analicemos en profundidad los hechos, en su contexto real: quienes estamos sufriendo **SOMOS NOSOTROS**, quienes tenemos que enfrentar los problemas **SOMOS NOSOTROS**, quienes debemos buscar las soluciones **SOMOS NOSOTROS**. Entonces, ¿quién tiene el derecho de juzgar nuestras actitudes o nuestros sentimientos? La respuesta es clara y concluyente: **NADIE**, salvo aquellas personas a las que les otorguemos el poder de emitir juicios de valor sobre nosotros.

Esto significa que una cosa es estar muy triste y acongojado por lo que nos sucede, y otra cosa es permitir que nos tengan lástima o que cualquiera emita el diagnóstico y el "tratamiento" que considera mejor para el caso, sin detenerse a pensar lo que sentimos en nuestro interior y cuál es la verdadera situación que estamos viviendo.

Emitir juicios no es una manera de ayudar a nadie; es, quizás, el modo más cruel de hacer sentir mal a una persona, señalándole su minusvalía o su incompetencia frente a los desafíos básicos de la Existencia.

Nadie mejor que nosotros, que estamos en el ojo de la tormenta, puede percibir el extraordinario esfuerzo que significa mantener la cabeza erguida a pesar de lo sucedido y contestar con dignidad y altura las preguntas que inevitablemente quienes nos rodean comenzarán en algún momento a realizar: "¿Como estás?", "¿Puedo ayudarte en algo?" Algunos mensajes serán sinceros y estarán dirigidos a extendernos la mano que necesitamos para superar este trance tan duro, pero otros estarán dirigidos solamente a descubrir con malicia si estamos destruidos o avergonzados por los hechos.

Es penoso tener que describir actitudes humanas tan difíciles de entender, pero la cruda realidad es ésta, y nuevamente dependerá de nosotros el que ascendamos por la escalera de la reconstrucción con la cabeza erguida, aunque por dentro todavía no tengamos claro cómo hemos de salir victoriosos de esta batalla.

Pero como toda situación a lo largo de nuestra vida puede tener más de una lectura, ésta también nos ofrece la posibilidad de salir al mundo con una imagen de derrota (y así también nos verán los demás, tristes, impotentes, vencidos) o, por el contrario, de recomponernos y mantener una imagen de entereza y de rebeldía, por la que también seremos respetados por los demás.

No olvidemos que el poder está dentro de nosotros; con nuestra actitud estaremos monitoreando la actitud de los demás con respecto a nosotros. Sí será importante, pues, guardar las lágrimas, morder la angustia que sentimos ante la incertidumbre de un futuro que aparece en nuestro horizonte con imágenes que aún no son claras, pero con la íntima convicción de que nuestra fuerza interior será el timón del barco que nos conducirá a surcar nuevos mares en busca del puerto del bienestar.

En última instancia, fracasar no es una vergüenza, y por lo tanto no debemos sentirnos avergonzados ni permitir que los demás hagan, del árbol caído, la leña que avive el fuego de sus ambiciones. Sólo nosotros somos capaces de juzgarnos adecuadamente y no sentirnos víctimas. Nadie puede hacernos sentir así; sólo nosotros.

Es cierto, hemos caído, o nos han hecho caer, no importa demasiado en este momento. Se impone entonces un período de reflexión sobre nuestros actos y nuestros sentimientos. Navegar a través de las turbulentas aguas de las almas en conflicto requiere de mucho valor. Pero es el único camino válido para el reencuentro con nuestro verdadero Ser, que reflejará la luz que necesitamos para alcanzar el próximo peldaño:

La esperanza o la desesperanza:
nuestra elección

Llegados casi a la cima de la escalera que nos conduce a una nueva dimensión en nuestra vida, debemos optar entre la esperanza —o sea, volver a creer en nuestra capacidad de tomar decisiones acertadas— y sumirnos en la oscuridad de la noche de nuestra vida, una noche en la que no se vislumbra un amanecer y que nos deja carentes de toda ilusión respecto del futuro.

La desesperación se instala cuando nuestra autoestima es profundamente dañada y cuando tenemos la íntima convicción de que la herida que hemos sufrido es mortal y que no somos ni seremos capaces de recuperarnos. Como toda apreciación, ésta puede ser tan subjetiva que no nos permita visualizar que sí tenemos opciones, y que cada ser humano es mucho más de lo que le sucede diariamente. Es en el descubrimiento de ese espacio que nos permite caernos y levantarnos tantas veces como sea necesario donde encontraremos la salida a esa penumbra que se ha desplegado ante nosotros, y que con una fuerza increíble nos arrastra hacia la depresión.

Podemos estar en cualquiera de los peldaños por los que vamos ascendiendo para superar la crisis que estamos viviendo, pero mientras sigamos creyendo en el valor intrínseco de nuestra persona y en la habilidad para construir un futuro mejor evitaremos caer en las garras de la ansiedad y la angustia existencial.

En otras palabras: mientras podamos mantengamos en alto nuestra autoestima; ésta será nuestra mejor aliada para vencer las dificultades que se nos presenten. Tenemos que ejercer el derecho a realizar nuestro duelo por la pérdida que hemos experimentado: es un permiso que debemos otorgarnos.

Si escapamos de la pérdida, en lugar de sumergirnos en ella, sólo estaremos prolongando la desesperanza. La propia experiencia vital nos muestra que un día el dolor comienza a ser menos intenso y que tarde o temprano saldremos adelante y estaremos finalmente listos para presentarnos nuevamente ante el mundo.

Es cierto, hemos perdido algo, o sentimos que nos han hecho perder algo; pero a pesar de todo tomemos esto como una premisa indiscutible: **AÚN ESTAMOS VIVOS, Y EXISTI-**

mos. El objetivo, de aquí en más, será rescatar los aspectos positivos de este acontecimiento.

Es bueno también, en este momento de nuestro ascenso por los peldaños de nuestra reconstrucción, recordar aquellos períodos de nuestra vida que han sido buenos, con logros importantes, como modo de certificar nuestra valía y nuestra disposición para recuperar la responsabilidad de ser quienes decidamos ser en el futuro.

Cómo empezar a sentirse mejor

¿Cuánto demoraremos en subir todos los peldaños hasta encontrarnos en condiciones de volver a mirar el mundo con confianza? ¿Cuándo empezaremos a sentirnos mejor? Éstos son algunos de los muchos interrogantes que nos hacemos mientras vivimos estos amargos momentos.

Lo que usted debe saber es que a todos los seres humanos nos sucede lo mismo frente a las pérdidas, más allá de los matices individuales que marcan la diferencia en el tiempo de recuperación. Estoy de acuerdo en que no es agradable lo que se siente, pero es superable, y de ninguna manera la sensación de minusvalía tiende a perpetuarse. Las heridas, así como dejan cicatrices, también estimulan la rebeldía y la convicción de que somos capaces de sobrellevar la adversidad.

Lo importante es no quedarnos en alguno de los peldaños, imposibilitando así el avance. La fuerza y la energía de que disponemos deben ser utilizadas en nuestra reconstrucción y no en ligarnos a un pasado que no es más que eso: **PASADO**. Y que no estamos en condiciones de cambiarlo, porque, como la historia, ya está escrito, y ésta es nuestra historia, la cual va a formar parte inseparable de nuestro bagaje personal.

Imaginemos por un instante esta escalera como si fuera una ruta que une el momento en que sentimos que hemos sido agredidos, heridos, y el momento de la cicatrización definitiva, en que esa misma herida ha cerrado por completo.

Si logramos atravesarla, tomando conciencia de su trascendencia, antes estaremos en condiciones de plantearnos un éxito futuro.

¿Es fácil transitar por la vida? No, no lo es, pero se puede. Y usted también puede, como tantos otros que hemos fracasado una y otra vez en el sano intento de lograr nuestro bienestar. Por lo tanto no se desanime: todo lo "negativo" que hoy aparece en su horizonte irá transformándose en los instrumentos con los que podrá contar para volver a creer en ese potencial que está en su interior, a la espera de ser develado, para ser utilizado en favor de su reinserción en el mundo.

Nadie puede hacerlo por nosotros. Parece una tarea muy dura. Y lo es. Pero es el único camino para reencontrarnos con un ser excepcional, quizá desconocido hasta este momento, pero que está esperándonos para presentarse. Animémonos a conocernos en profundidad, sin velos y sin limitaciones. Sólo así podremos aprender del fracaso y transformarlo en la gran oportunidad de cambio.

Una cuestión de actitud

Cualquiera sea la índole de nuestro problema —causado por nosotros o debido a factores externos, de aparición repentina u oculto durante un largo tiempo—, cuando este conflicto interno se desata podemos elegir entre adoptar varias posturas:

- Desconocerlo, y esperar a que se diluya en el tiempo.
- Tratar de convivir con él.
- Encontrar los aspectos positivos, y capitalizarlos a nuestro favor.

La realidad es una sola, y depende de nosotros el tener la voluntad o no de apreciarla. Si evadimos nuestros problemas, es lógico que éstos no desaparezcan, sino que continuarán creciendo y obstaculizando nuestro proceso de recuperación.

Puede ser que en el camino de la vida algunos problemas se resuelvan por sí solos, pero la mayoría requiere de una actitud firme y decidida para abordarlos en profundidad y resolverlos con inteligencia, esto es, con un resultado positivo para nosotros.

Los así llamados "problemas reales" no pasan desapercibidos en nuestra Existencia, y siempre dejan huellas o rastros de su devastador poder, en cuanto movilizan estructuras que creíamos muy sólidas, y que vemos derrumbarse cuando, obligados por las circunstancias, debemos cambiar nuestra visión del mundo.

Por lo tanto, el desconocimiento, o la esperanza de que el problema disminuya su intensidad causándonos menos daño, no aparece como una solución adecuada para mitigar el impacto que nos ha provocado el problema o la pérdida a la que nos vemos enfrentados.

La convivencia pacífica con una situación conflictiva implica la aceptación inmediata de que el problema no tiene solución. El ejemplo más claro de situación en la que se generan sentimientos de esta naturaleza es la pérdida de un ser querido. Pero aun en esta dolorosa circunstancia los seres humanos podemos optar por varias alternativas. Podemos dejarnos llevar por un dolor a veces difícilmente soportable cada vez que la imagen del ser querido aparezca en nuestra mente o podemos hacer el intento de conservar en nuestra memoria los buenos momentos que compartimos. Transformar la pena en aceptación de la realidad no es tarea fácil, pero pone de manifiesto la grandeza del ser humano.

Pero hay una tercera posibilidad, y es la que nos permite apreciar los aspectos positivos que toda circunstancia vital encierra en sí misma, y es una misión ineludible: dirigir nuestros esfuerzos a incorporar aquello que nos sirve, transformando el gasto innecesario de energía en una fuerza renovadora que nos ayude a transitar por los caminos de la vida con una brisa fresca que aliente la visión optimista del futuro.

Aunque encontremos personas solidarias con nuestra frustración ante el fracaso o la pérdida, cada ser humano es el único dueño de ese patrimonio vivencial que nos hace diferentes a unos de otros. Sólo cada uno sabe cuánto le duele y cuánto se sufre en estas etapas en que somos puestos a prueba.

El manejo adecuado de los problemas nos orientará con más precisión en la dirección correcta, y necesitaremos cambiar nuestros patrones de conducta y modificar modelos que hoy percibimos como obsoletos. Para el logro de los objetivos que nos trazamos requeriremos de una buena cuota de determinación y perseverancia.

La salud del alma

Cada vez que nos internamos en las profundidades del Hombre, ineludiblemente debemos considerar aspectos que tienen que ver con la Salud en su expresión más amplia. La imagen que se nos representa del Ser Humano tiene una vertiente física, visible, y una vertiente espiritual, que la mayoría de las veces consiste en una búsqueda constante de equilibrio.

Entre estas dos vertientes está el alma, que es el espacio donde los pensamientos, los sentimientos y nuestra motivación se desarrollan e interactúan entre sí, reflejando su bienestar sobre el cuerpo y el espíritu.

Un cuerpo en equilibrio ayudará al alma y al espíritu; almas en conflicto contribuyen a tornarnos más vulnerables y a desarrollar entonces enfermedades que se asientan en el espacio denominado cuerpo físico.

Un cuerpo que sufre como consecuencia de una agresión externa o interna inevitablemente repercutirá de manera negativa sobre las poderosas fuerzas del alma; sin embargo, un alma capaz de vibrar ante los sucesos de la vida, y crecer ante ellos, proyecta su influencia sobre un cuerpo transitoriamente debilitado para ayudarlo a recuperarse por completo.

Esta indivisibilidad del ser humano nos abre nuevas dimensiones con respecto de los misterios de la vida del alma y su relación con nuestro funcionamiento como individuos. Nuestra búsqueda constante del equilibrio hace que incursionemos en estos surcos profundos de nuestro "yo", posibilitándonos delinear nuestro futuro. En otras palabras, nos permite ser las personas que deciden lo que desean para su vida, hoy y mañana también.

Cada vez que resolvemos un conflicto, cada vez que salimos airosos de una crisis personal, nos sentimos más fuertes y en condiciones de recorrer caminos de crecimiento personal.

Los problemas son situaciones que pueden aparecer en nuestra vida súbitamente o formar parte de nosotros, integrados en nuestra vida cotidiana desde mucho tiempo antes.

Podemos ser absolutamente conscientes de dichos problemas o que éstos nos hayan pasado desapercibidos, sin reparar en la jerarquía y la influencia que tienen en nuestro desempeño diario. Los problemas nos enfrentan a un desafío constante, que tiene que ver con el descubrimiento de los secretos que ellos encierran.

La primera pregunta clave es:

¿Somos capaces de resolver nuestros problemas?

Mientras tanto, las crisis son acontecimientos que requieren una atención inmediata, porque traducen una claudicación abrupta de nuestros mecanismos de defensa, ponen en tela de juicio los valores con los cuales nos movíamos en nuestro mundo.

Tienen a su vez el agravante de que requieren de nuestra parte la valentía de realizar una introspección profunda, a los efectos de rescatar ideas creativas, imaginación y toda nuestra experiencia para emerger lo más indemnes posible de este verdadero tifón que se cierne sobre las aguas tranquilas de nuestra Existencia.

La segunda pregunta clave es:

¿Somos capaces de resolver nuestras crisis?

Los problemas y las crisis son situaciones que requieren de soluciones que escapan a los modelos, y que nos enfrentan a lo desconocido, por lo que generan en nosotros temor y angustia. Nos tornan vulnerables y nos obligan a ser creativos.

Cada vez que nos enfrentamos a un problema o a una situación de crisis tenemos la oportunidad de poner a prueba nuestro ingenio, y cuando salimos airosos de esta experiencia nos sentimos más fuertes, y, por sobre todas las cosas, más aptos para responder a los desafíos básicos de nuestra vida.

A lo largo de este difícil camino que es aprender a vivir, nos vemos reiteradas veces ante obstáculos que dificultan nuestro andar. Así se presentan los problemas, como situaciones a superar, exigiendo de nosotros paciencia, sapiencia y flexibilidad para poder encontrar la mejor forma de superarlos.

Las crisis son encrucijadas que se nos presentan como consecuencia de una sucesión de problemas que no hemos resuelto en su momento y que, una vez acumulados, nos obligan a tomar determinaciones más profundas y que han de cambiar sin duda nuestro presente y nuestro futuro.

Las crisis son "altos en el camino" donde la reflexión y el diálogo interno se imponen, e interrogantes tales como "¿Hacia dónde voy?" y "¿Qué espero de mi vida?" exigen imperiosamente una respuesta adecuada. Es como si nos encontramos ante un precipicio y debemos tomar resoluciones que sólo cada uno de nosotros puede asumir.

El impacto que los problemas y las crisis, las frustraciones y los fracasos tienen sobre nosotros nos lleva a imponernos la tarea de encontrarnos con nuestra autoestima, una de las claves para revertir estos sentimientos y ayudarnos a encontrar caminos de entendimiento que nos permitan aproximarnos al tan anhelado bienestar.

Para terminar este primer capítulo le aconsejo que coloque el marcador de página y se haga esta pregunta:

¿Me merezco la forma en que estoy viviendo?

Respóndase con absoluta sinceridad, y si encuentra que debe introducir cambios en su vida, lo invito a acompañarme en este recorrido hacia el encuentro con "nuestra" autoestima, la propia, la intransferible, y verá cómo hemos de hallar la herramienta idónea para mejorar nuestra forma de vivir.

¡Gracias por aceptar el desafío!

✣ ✣ ✣

Mi viaje a la recuperación

En el comienzo
dudaba de que fuera posible
resistir hasta el fin.
Hubo tiempos de ira,
dolor, tristeza y sufrimiento;
Tiempos en los que me pregunté:
¿Por qué yo?

Pero un día
hubo un destello de luz
y luego, otro.
Las nubes empezaron a abrirse
y pude ver más allá de ellas.
Los ratos de contento,
de sentirme segura,
fueron sumando más
que los de miedo y melancolía.
Se tejieron nuevas amistades;
la desolación, la falta de confianza en mi valer,
se fueron convirtiendo
en firmeza, en resolución.
Era como pasar de las tinieblas
a la luz, con una nueva sensación
de poder.

Ahora comprendo que en mi pasado hay cosas
que no puedo alterar.

*Lo que puedo es impedir que manden
sobre mi vida y mi felicidad.
Sé que esta parte de mi vida
jamás se irá del todo,
pero el lugar que ocupa en mi existencia
es menos prominente.
He empezado a permitir que otras ideas
pueblen mi mente.
Tengo un mejor conocimiento de mí misma,
de mis debilidades y de mis puntos fuertes.
Ya no temo poner límites.
Empiezo a disfrutar otra vez de la vida
y a pensar en el futuro.
Ahora puedo ver todo este tiempo
tal como fue:
un tiempo de crecimiento,
de descubrimiento de mí misma,
de curación.*

Anna Marie Edwards

Capítulo 2
¿Somos realmente víctimas?

> *¡Cuántas veces nos arrinconaríamos en nosotros mismos para refugiarnos! Y sin embargo, dentro están nuestras armas: las alas de oro de la inteligencia, el escudo de plata de la voluntad, la lanza viva de las palabras, las sandalias rojas del coraje. ¡Qué pocas veces desenvainan los hombres sus almas!*
>
> José Luis Martín Descalzo

Las crisis personales ponen de manifiesto conflictos severos que debemos resolver, y que generalmente hacen referencia a cuál es el concepto que nos merece nuestra propia persona, enfrentada a los problemas del diario vivir.

Antes de introducirnos en el juicio sobre nuestras actitudes, tenemos que aceptar o reconocer que estamos ante una situación que nos ha generado mucha zozobra, y que representa una dificultad que lograremos sortear con éxito en la medida en que podamos reconocer que nos encontramos ante uno o varios problemas.

El primer paso para emerger con éxito de las crisis personales es admitir que estamos sumergidos en ellas, y que hemos desconocido por mucho tiempo la existencia y la influencia de determinados problemas, los mismos que ahora nos vemos en la necesidad de evaluar y comenzar rápidamente a resolver.

Pero nadie es capaz de encontrar la solución a un conflicto si no tiene la humildad de reconocer que éste existe. Para eso, una buena guía para comenzar a actuar con firmeza es preguntarse:

- ¿Cómo han llegado los problemas a mí?
- ¿Qué repercusiones han tenido sobre mi vida cotidiana?
- ¿Qué soluciones logro visualizar para estos problemas?

La diferencia entre los hechos y los sentimientos

Es fundamental, al principio, aprender a separar los acontecimientos en sí mismos de lo que uno siente respecto de ellos.

Los dos elementos tienen su jerarquía: el acontecimiento, porque es un reflejo de la realidad, que no podemos negar, y los sentimientos, porque son fuerzas internas que condicionan nuestras decisiones en cada instante de nuestra Existencia.

Si analizamos un problema, veremos que una parte de él proviene del entorno, es exterior a nosotros, y otra parte es cómo lo siente cada uno, y cómo somos capaces de manejarlo, a favor o en contra.

La tarea es descender hasta el núcleo central del conflicto, sin agregarle lo que pensamos o lo que los demás piensen sobre el hecho; la objetividad, la imparcialidad y el reconocimiento sereno de la realidad son nuestras herramientas en esta etapa.

¿Cómo lograr que nuestros sentimientos no interfieran en la tarea de hacer una descripción exhaustiva y honesta de lo que estamos viviendo? La necesidad de liberarnos de la opresión que significa estar atravesando por la difícil experiencia de una crisis personal nos conducirá por el camino del equilibrio.

Sé que no es fácil delimitar el área de influencia que tienen los problemas a los que nos enfrentamos. Cada uno de nosotros vive los aspectos más conflictivos de éstos, y esta incapacidad de "ver" la realidad es la que precisamente ha precipitado la crisis. También ocurre que sólo observamos la parte más pequeña del iceberg, mientras que el grueso de la mole continúa en la profundidad y permanece oculto, generando un sentimiento de severa impotencia.

Dialogar con nosotros mismos acerca de lo que nos está pasando interna y externamente va a darnos el control en última instancia de la situación. Volver a las fuentes significa en este caso dejar de huir y darse el tiempo para "tomar un café con uno mismo" y organizar una estrategia para superar la crisis.

Que nadie, más que nosotros, esté en condiciones de determinar lo que nos pasa interna y externamente nos demuestra que somos los únicos que **PODEMOS CONTROLAR LA SITUACIÓN**.

Una vez que hayamos tomado ese café tan reconfortante y dialogado con nosotros mismos, lograremos identificar el problema y estaremos en condiciones de tener una visión amplia de lo que nos sucede. En este momento tomamos verdadera conciencia de que somos propietarios de uno o más problemas, y que esta crisis personal por la que estamos atravesando no sólo nos involucra a nosotros sino también a otras personas con las que estamos vinculados.

Debemos centrar la atención en profundizar en los aspectos más destacados del conflicto, pero para cada uno de nosotros la crisis involucra el ciento por ciento de nuestra persona, por lo que deberemos utilizar toda nuestra energía en lo que sentimos que nos está afectando más.

Culpa no, responsabilidad sí

Siempre nos compete una cuota de responsabilidad en las cosas que nos pasan, y es bueno ser conscientes de ello. Obviamente, no nos gusta tener que admitir este hecho, pero sólo si nos sentimos parte indisoluble del problema y no asumimos el rol de víctimas estaremos en condiciones de elaborar de modo adecuado el sentimiento de pérdida que nos embarga y mirar con optimismo hacia el futuro.

También es cierto que con respecto a las pérdidas, y sobre todo las vinculadas con la muerte de seres queridos, no tenemos responsabilidad por los hechos en sí, pero sí en cuanto a cómo manejamos esta nueva situación a la que la Vida nos enfrenta, poniendo a prueba nuestra fortaleza interna.

Alguna gente, sin proponérselo específicamente, desarrolla conflictos con todas las personas que la rodean, y se encarga de proyectar la culpa de esos conflictos sobre éstas. Aunque sea cierto que los otros efectivamente tengan responsabilidad directa en los problemas de uno, lo cierto es que, una vez instalados en nosotros, los problemas son nuestros.

Generalmente es el tiempo el que nos ayuda a ver de manera más objetiva nuestros conflictos, y a tomar conciencia de la injusticia que significa responsabilizar siempre a los demás de las cosas que nos pasan. Los otros harán su propio análisis de la situación y evaluarán su eventual culpa, pero eso no nos compete a nosotros.

Ser responsable implica, en primer lugar, que indudablemente hemos sido parte activa de muchas de las cosas que nos pasan, y que somos quienes construimos nuestro presente y nuestro futuro, puesto que el pasado forma ya parte de nuestra historia personal.

La autocrítica —en el sentido de autoflagelarnos— por lo que hoy sentimos que hemos hecho mal no nos conduce a destino deseable alguno y, lo que es más, no colabora en la solución real del problema.

Enfrentar los retos de la vida cotidiana hace que los problemas pierdan dimensión y, sobre todo, que no nos dominen y no controlen nuestra actitud hacia ellos.

Evitar que la ira y la frustración nos destruyan, poniendo de manifiesto nuestra incapacidad para manejar los conflictos, es uno de los objetivos fundamentales que hemos de proponernos en este escenario donde ser víctimas es el peor papel que nos podemos asignar.

Recordemos que ser responsables también significa que depende de nosotros elegir la respuesta adecuada a lo que nos está pasando. Pero también es cierto que reconocer no es asumir toda la culpa, como si hubiéramos cometido el más profundo de los errores.

Somos lo que creemos

La base del comportamiento humano está íntimamente relacionada con sus **CREENCIAS**. Si somos capaces de creer en nosotros mismos, lo que es sinónimo de una alta autoestima, nuestra conducta va a apoyar el autoconcepto positivo que poseemos. Por el contrario, si nuestra autoestima es baja, esto también será demostrado en nuestras actitudes, que estarán reflejando el pobre concepto que nos merecemos ante nuestros propios ojos.

Nuestra manera de vivir en el mundo, de vernos a nosotros mismos y de esperar que los demás se comporten como nosotros deseamos es el resultado de ciertos condicionamientos que nos llevan a desarrollar una posición expectante, siempre a la espera de que los demás satisfagan nuestras necesidades.

Si logramos cambiar nuestras creencias, automáticamente se producirá un cambio en nuestras acciones. Es claro también que esto no se logra de un día para el otro, pero es un buen ejercicio para salirse del círculo limitativo de sentirse siempre "una víctima de las circunstancias".

Como seres humanos podemos adoptar muchos estilos de vida; vamos a detenernos en dos de ellos, que a mi juicio son una clara demostración de cuál es la postura que podemos adoptar frente a los sucesos cotidianos.

Un estilo de vida nos permite funcionar desde un ángulo, en el cual asumimos el control de nuestras vidas. Nos tornamos **CREATIVOS**. Partimos de la base de una buena autoestima, y somos capaces de asumir la responsabilidad de lo que nos pasa. En otros términos, somos nosotros quienes determinamos lo que nos ha de suceder.

El estilo de vida que se mueve en el otro extremo del espectro de las conductas humanas es el de sentirnos **VÍCTIMAS**, responsabilizando siempre de lo que nos sucede a las demás personas. Al tener una muy baja autoestima es mucho más "fácil" culpar a los otros por lo que "nos hacen", quedando de esta manera liberados de la responsabilidad de lo que sucede en nuestras vidas.

Caben en este momento algunas preguntas clave que usted deberá hacerse: ¿Por qué algunas personas adoptan el rol de víctimas frente a los desafíos a los que la Vida necesariamente los enfrenta? ¿Por qué les resulta más fácil entregar su responsabilidad a otras personas?

He aquí algunas respuestas que ya podemos ir esbozando:

- Mis sentimientos de autoestima están muy devaluados.
- Mi imagen personal depende de que la gente me acepte.
- Temo enfrentarme a las situaciones porque desconozco el desenlace.

Pasamos a ser víctimas en el mismo momento en que perdemos el control sobre nuestra propia vida, al no poder asumir la responsabilidad de nuestros actos.

Si usted comienza a percibir que su vida no puede seguir funcionando de esta manera es porque ha permitido que los demás lo vieran como una víctima de las circunstancias.

Las decisiones que tomamos dependen de la imagen que tenemos de nosotros mismos y de nuestra visión del mundo que nos rodea.

Para ser víctimas es necesario sentir que no somos merecedores de lo mejor, y que por lo tanto los demás pueden manipularnos según su voluntad y deseo.

Ser o no ser víctima: una decisión

Un buen ejercicio es repasar las distintas áreas donde nos movemos habitualmente para evaluar en cuál de ellas nos sentimos víctimas de las circunstancias y descubrir quién o quiénes están ejerciendo el poder de controlar nuestras vidas.

¿Existe algún área de su vida en la que usted esté sintiéndose víctima de los designios de los demás?

¿Tiene identificada a la persona o a las personas que lo hacen sentir así? ¿Tiene una idea aunque sea somera de por qué lo están haciendo?

A continuación le daré algunas pautas para que usted se identifique o no con esto de sentirse víctima. Veamos, por ejemplo, cómo se maneja habitualmente:

- En su trabajo.
- En su relación con el mundo exterior, con sus amigos.
- En el ámbito familiar.

¿Se siente capaz de delimitar aquellas áreas en las que se maneja con más soltura de aquellas donde queda atrapado en ese desagradable sentimiento de sentirse juzgado por los demás, al punto de haber cedido el espacio para que los demás se sientan con el derecho de emitir juicios sobre su conducta?

¿Dónde se encuentra la diferencia entre las personas que hacen que las cosas sucedan y aquellas que son incapaces de generar algo?

¿Por qué algunos seres humanos pueden estar creando nuevos caminos para su desarrollo personal, mientras que otros siempre sucumben víctimas de su propia inoperancia frente a la Vida?

La diferencia fundamental radica en la **CAPACIDAD PARA TOMAR DECISIONES**.

¿Es usted un hombre o una mujer que considera tener buenas aptitudes para tomar decisiones rápidas y coherentes en su propio beneficio?

Si tuviera que puntuar respecto a esta habilidad, diría que es:

- Aceptable
- No tan aceptable
- Deficitaria
- Nunca puede tomar decisiones

Muchas veces nos sentimos incapaces de tomar decisiones porque creemos que no podemos confiar en nuestro propio criterio.

Esta falta de confianza opera en una espiral descendente negativa que convierte nuestras creencias en profecías autocumplidas.

En la medida en que comenzamos a expresar nuestros sentimientos, liberándolos de la represión a la que estuvieron sometidos durante tanto tiempo, vamos haciéndonos responsables de nuestras propias vidas y lentamente, pero con seguridad, aprendemos a respetar nuestro propio criterio.

Intención, decisión... ¡acción!

Es el momento ideal para comprender que el rol de víctimas sólo podemos otorgárnoslo nosotros, y que nadie puede hacernos sentir de tal manera, si nosotros no lo permitimos.

Nos va quedando claro que la **TOMA DE DECISIONES** es el mecanismo clave para salir de ese incómodo lugar de víctimas de la Vida.

Se torna difícil actuar si no puedo decidir cómo voy a actuar. No puedo tomar decisiones a menos que pueda saber qué estoy queriendo que suceda con mi decisión.

Para que usted pueda descubrir su intención, pregúntese: **¿Qué quiero que suceda?**

Cuando logramos definir la intención es mucho más fácil definir nuestra acción.

Reflexionemos sobre algunas áreas de nuestra vida donde nos gustaría ver cambios que reflejen nuestro crecimiento personal.

Una de las cosas que más nos cuestan a los seres humanos es decir **NO** sin sentirnos culpables. La autoafirmación es uno de los capítulos más conflictivos de nuestras relaciones interpersonales.

Ahora bien: recordemos que la eficacia de nuestra acción dependerá de la claridad de la intención. Si la intención es expresar nuestra voluntad negativa ante un pedido que consideramos que no nos corresponde atender, debemos tomar la decisión de asumir la sorpresa que la o las otras personas van a demostrar ante nuestra nueva manera de actuar.

La pregunta que usted, querido lector o lectora, se estará haciendo es: "¿Seré capaz la próxima vez de decir que no con la frente en alto y sin sentirme culpable por ello?"

Y yo le respondo: si usted quiere sentirse como hasta ahora, no siendo el dueño de sus decisiones, ¡adelante!, continúe con los mismos patrones de comportamiento, que lo van a conducir inexorablemente hacia el mismo destino: **SER UNA VÍCTIMA**.

Se puede vivir una vida muy desdichada, en la medida en que no somos capaces de decidir qué es lo que queremos y esperamos de la vida. Ahora bien, esta incapacidad no necesariamente debe ser permanente; en general se da por falta de práctica.

Si uno no usa su cerebro, éste tenderá, como otros órganos y sistemas del organismo, a la atrofia. Si no nos ejercitamos en la capacidad de tomar decisiones también nos veremos con el paso del tiempo con un sentimiento de minusvalía al respecto.

Una persona que no logra tomar decisiones por sus propias inseguridades, muy pronto se convierte en un ser que ha perdido el rumbo de su Existencia, porque le está faltando el combustible fundamental, que son sus creencias.

La clave radica en tener ideas claras de lo que queremos que nos suceda en la vida y de esa manera nos acercamos más a la posibilidad de tomar decisiones.

Cuando las decisiones son claras, estamos preparados para la acción, y para la comunicación efectiva de dicha acción. No alcanza con el hecho en sí mismo, sino que también debemos hacerles saber a los demás cuál ha sido nuestra decisión.

El mundo que nos rodea percibe claramente nuestra buena autoestima o su falta, mediante nuestras palabras y nuestras acciones. Si tenemos una autoestima baja, nos sentiremos mal, ejerceremos el rol de víctimas del mundo y consideraremos "normal" el ser maltratados.

Por lo contrario, una autoestima alta espera reciprocidad en el buen trato y respeto mutuo. No hay espacio para sentirse víctima, pues estamos tan ocupados en crecer y tener una visión realista y optimista del mundo que nos es mucho más urgente cambiar nuestro comportamiento que quedar encadenados y enajenados en el concepto de que los demás son responsables de nuestras desgracias.

Apropiarse del conflicto es empezar a solucionarlo

Lo cierto es que sólo una vez que nos hemos dado cuenta de que estamos frente a uno o más problemas, nos encontramos en condiciones de hacer algo al respecto. Desde el mismo momento en que tomamos los conflictos como "propios" ya nos estamos orientando hacia su solución.

La idea es evitar tener que convivir para siempre con las dificultades y sufrir inexorablemente sus efectos paralizadores, que nos impiden ver más allá de esas circunstanciales dificultades.

Estar en crisis y sentirse como una víctima siempre va a exigirnos la toma de decisiones que involucren cambios en el sentido que le estamos dando a nuestra vida, y cambios en nuestros modelos o paradigmas de pensamiento y, por qué no, también de sentimientos.

Cuando todas estas fuerzas negativas están operando sobre nosotros, es bueno plantearse estas preguntas:

- ¿Nos vemos como víctimas de las acciones concretas y de mala fe de otras personas?
- ¿Cómo nos sentimos al respecto?
- ¿Seremos víctimas sin responsabilidad, de alguna fuerza extraña o simplemente de la mala suerte?

Si realmente nos sentimos identificados con alguna de las preguntas que anteceden, será el momento de pensar seriamente en resolver definitivamente este sentimiento de minusvalía que tanto nos duele.

Y si ya vamos a resolver este sentimiento tan urticante, caben también aquí algunas preguntas tales como:

- ¿Realmente esperamos que los demás sean quienes den el primer paso, con la finalidad de encontrar un camino que nos aproxime a la paz interior?
- ¿Pensamos que las heridas se cerrarán solas o que los problemas desaparecerán como por arte de magia?

- ¿O deberemos tomar el mando de nuestra vida y abrirnos paso para encontrar la solución a nuestros problemas?

Seamos conscientes de que hay sucesos que están ocurriendo "fuera de nosotros" y que debemos atender. Son los acontecimientos en sí mismos.

Pero también tenemos heridas y resentimientos alojados en lo más íntimo de nuestro ser, y que debemos procesar adecuadamente para no caer en la omisión de creer que si no les prestamos atención ellas no van a volver en el futuro bajo la forma de una crisis mucho más explosiva y destructiva que la que estamos atravesando.

De la misma manera en que nos cuesta ver los aspectos positivos que las crisis tienen, también puede ser difícil para nosotros reconocer que esas heridas y esos resentimientos pueden llevarnos de la mano hacia las causas más profundas de por qué nos sentimos como víctimas de un mundo que parece estar en contra de nuestros intereses.

El papel de víctima debe desaparecer de nuestra forma de pensar y de sentir.

Las emociones negativas

Si comenzamos a sentir que representar el papel de víctima se ha convertido en un estilo de vida para nosotros, debemos visualizar con urgencia qué emociones negativas nos están desgastando en lo interno, para no terminar seriamente lastimados por el inadecuado manejo de estos sentimientos.

La ira

Es ésta una emoción muy intrincada, que puede ir desde un simple resentimiento hasta la cólera imposible de controlar. Los seres humanos nos sentimos indefensos cuando algo amenaza nuestra propia imagen. Si nos sentimos como víctimas, observemos si estamos permitiendo que la rabia controle nuestra vida.

Surgirán preguntas inevitables, tales como:

- ¿Por qué me tiene que pasar esto justo a mí?
- ¿Por qué tenían que hacerme esto (él, ella o los demás)?

Si no logramos dar rienda suelta a nuestra rabia, las consecuencias de contener en nuestro interior este sentimiento pueden llegar a la depresión u otras formas de bloqueo, que van a obstaculizar nuestro camino hacia la verdadera solución del problema.

Preguntémonos con libertad si realmente estamos enojados; y cuando respondamos por la afirmativa, reconoceremos cómo los resentimientos siembran semillas de odio en nuestra alma y un impulso de venganza en nuestra manera de pensar.

Una vez que hayamos reconocido con sinceridad nuestro enojo, éste comenzará lentamente a disolverse. Esto significa que toda la energía emocional que estábamos utilizando para seguir enojados comenzará a trabajar de manera positiva, ayudándonos a liberarnos de esta emoción.

Pero lo más importante es que nuestra percepción de la vida como víctimas se irá desvaneciendo hasta desaparecer por completo.

El miedo

Si por alguna razón nos sentimos invadidos por **EL MIEDO**, éste nos provocará una verdadera parálisis, aislándonos dentro de nosotros mismos, y promoviendo que nuestros pensamientos y nuestros sentimientos cobren una nueva dimensión, haciendo que lo desconocido nos produzca pánico.

El miedo nos hace reflexionar sobre lo fugaz de nuestro paso por la Vida. Esta sensibilización nos hace conscientes de nuestra debilidad y de la necesidad de recibir apoyo. Esto nos ayuda a sentirnos más dispuestos al cambio, pues percibimos que los viejos modelos o paradigmas ya no resuelven nuestros interrogantes existenciales.

La culpa

Otro sentimiento importante que debemos considerar a la hora del análisis del rol de víctimas frente al mundo es el de **CULPA**, que nos ayuda a reconocer que hemos violado nuestra propia integridad.

Algo hemos hecho y nuestro comportamiento no ha estado en armonía con nuestra visión de nosotros mismos. Los valores que se han transgredido no son los que se imponen desde afuera de nuestra persona, sino los que forman parte de nuestros principios de conducta internos.

Cuando aparece esta emoción es comparable a lo que sucede cuando la luz roja del tablero de un auto se enciende en señal de aviso de que hay algo en el sistema eléctrico que no funciona bien.

Tiene su riesgo ignorar el aviso. Si no tomamos medidas inmediatas, como detener el vehículo y cerciorarnos de qué está pasando o llamar a alguien especializado en el tema, las consecuencias podrían ser mucho más graves que la crisis que estamos afrontando en la actualidad.

Con la culpa sucede algo similar. Cualquier intento de aceptar tácitamente la culpa, en vez de buscar su origen, sería equivalente a "no mirar" la luz roja del tablero: seguiremos sintiendo que hay algo que no está bien en nosotros.

Ahora bien; tomar una actitud de enfrentamiento con el sentimiento de culpa sería similar a responsabilizar a la luz del tablero por el desperfecto eléctrico que el coche está sufriendo.

Lo correcto es tener la valentía de reconocer la culpa, eliminar su causa modificando el comportamiento que la originó y, de ser necesario, corregir algunos errores que podamos haber cometido.

El agotamiento psicofísico

Es una señal de que es necesario interrumpir lo que estamos realizando. La actividad que venimos desarrollando ha resultado superior a nuestras fuerzas y debemos hacer un alto no sólo para descansar, sino también para pensar hacia dónde estamos dirigiéndonos y, si es el caso, corregir nuestra perspectiva de la Vida.

Es absolutamente lógico experimentar cierto cansancio cuando uno está sujeto a las demandas de un mundo cada vez más exigente; pero si creemos que siempre podremos un poco más, ignorando de esa manera las señales de peligro que nuestro cuerpo nos envía, y nos dejamos llevar más allá de nuestros límites de resistencia física y psicológica, cometeremos errores de apreciación de la realidad y adoptaremos una visión pesimista de la vida que nos conducirá con mucha facilidad a sentirnos víctimas de una situación que no creemos poder dominar.

El gran desafío de la vida moderna es interpretar por qué nos cansamos los seres humanos. En general nos cansamos mucho menos por la realización de un esfuerzo físico que por el desgaste de nuestro sistema nervioso que, combinado con otros factores debilitantes, como el estrés, la vida sedentaria y la mala alimentación, nos convierten en seres minusválidos para enfrentar los desafíos básicos de la Vida. Estimulantes y psicofármacos aparecen entonces para paliar esta situación, que únicamente se corrige modificando el estilo de vida y tomando conciencia del respeto que nos deben merecer tanto nuestro cuerpo físico como el espiritual.

La desesperanza

El rol de víctimas se asocia íntimamente al sentimiento de **desesperanza**. Ésta nos recuerda de manera constante que, a pesar de todos los esfuerzos, no podremos resolver nuestros problemas. ¿Hay aspectos positivos en la desesperanza? Por supuesto que no son fáciles de ver, pero pongamos a modo de ejemplo un pensamiento que podemos ejercitar en nuestra mente: "Esto es muy grave, pero no es el fin de la Humanidad". Y, utilizando el aforismo que dice que "mientras hay vida hay esperanza", sentarnos y abrir nuestra mente para observar con ecuanimidad y objetividad los acontecimientos que ocurran de ahí en más.

A veces es necesario llegar hasta el límite de nuestra resistencia antes de poder ver la luz del sol, que con su brillantez iluminará nuestro camino. Si logramos abordar con cierta serenidad nuestra problemática, veremos cómo jugar el papel de víctima es muy poco redituable, además de dar una pobre imagen de nuestra persona.

¡Arriba ese ánimo! A todos nos ha pasado eso de estar algo melancólicos y de buscar el camino más fácil, que es atribuir nuestras desgracias a la mala acción de los demás. Ya tenemos algunos instrumentos en nuestro poder para poder transformar nuestra realidad, a punto de partida del análisis de nuestros valores.

Lo que nos enseñan las crisis

Si logramos mirar nuestra problemática con cierta perspectiva, veremos que solemos ubicarnos en el rol de víctimas cuando enfrentamos situaciones de crisis en nuestra vida.

Cada crisis encierra en sí misma una lección que debemos aprender. El hecho de que constituyan momentos de gran inseguridad y confusión hace que las crisis nos encuentren mucho más permeables y dispuestos a aprender, ya que cuando todo luce y está claro en nuestra Existencia, nos sentimos poco dispuestos a que las situaciones de la Vida nos enseñen algo.

La rutina cotidiana no supone reto de aprendizaje alguno. Sin embargo, cuando nos disponemos a descubrir caminos nuevos y desconocidos, la actitud debe ser de disposición a aprender. La necesidad de crear nuevos patrones de conducta y la eliminación de los antiguos que nos condujeron a la actual crisis nos permiten comenzar a ver cómo se filtra la luz a través de las grietas de las estructuras que creíamos inamovibles hasta el presente.

Cuando usted sienta que su papel en el escenario de su vida diaria es el de víctima, habrá llegado el momento de realizar un profundo análisis de su vida, de su manera de ver el mundo y, sobre todo, de usted mismo.

Si logramos llegar al centro mismo de nuestra propia persona es porque la crisis por la que estamos atravesando intenta comunicarnos algo muy importante. Y esa comunicación puede tener que ver con nuestro cuerpo físico o con nuestro cuerpo espiritual. Es habitual que el contenido del mensaje implícito de estas crisis sea que debemos abandonar ciertos hábitos vinculados con nuestro estilo de vida.

Hemos analizado un poco más arriba que los problemas pueden estar indicándonos que la velocidad y el vértigo que le estamos imprimiendo a nuestra Existencia van a darnos problemas importantes de salud.

Hasta podemos llegar a plantearnos la disyuntiva entre vivir para trabajar o trabajar para poder vivir.

Salirnos de la incómoda situación de víctimas implica que nuestro estado de ánimo puede verse también afectado por cambios internos, que debemos atender adecuadamente, para que no se conviertan en elementos que nos detengan en nuestro íntimo deseo de desenvolvimiento hacia una nueva manera de vivir.

De modo inverso, también podemos preguntarnos:

- ¿Qué es lo que esta crisis está poniendo a prueba en nosotros?
- ¿Será el discernimiento para ver con transparencia lo que verdaderamente nos sucede?
- ¿Será nuestra fuerza de voluntad para emprender aquello que consideramos impostergable?

No cabe duda de que en la turbulencia de todos estos procesos es importante analizar si el sentimiento de pérdida tiene un valor determinante para nuestra vida futura.

Por la propia ley de las compensaciones, aunque, cuando estamos involucrados en uno o más problemas denominados Crisis Personales, no somos capaces de ver cuáles pueden ser sus beneficios ocultos, tenemos que abrir nuestra mente para analizar cuidadosamente cuál es la relación costo-beneficio en la presente situación.

En otras palabras: ¿qué hemos de ganar si dejamos de ser víctimas del mundo?, y ¿qué costo hemos de pagar por asumir nuestra Vida como una responsabilidad intransferible, y por ser nosotros mismos los que determinemos lo que deseamos que nos suceda a partir de hoy, mirando hacia el futuro simultáneamente con optimismo y realismo?

Éstos son los retos típicos de las crisis de la edad media de la vida, o de la madurez, cuando tenemos una tendencia natural a sentirnos víctimas de un mundo que no nos comprende y que nos presenta siempre la necesidad de optar por cambios profundos en nuestra concepción de la Vida. Esto nos conmociona hasta nuestros cimientos, demandando de nosotros un claro entendimiento de cuáles son los problemas a los que nos vemos enfrentados.

Descubrir el mensaje que estos movimientos subterráneos traen consigo nos abrirá la puerta para una vida mejor, aceptando aquellas cosas que no podemos cambiar, pero alejándonos definitivamente del triste rol de víctimas, para comenzar a reinterpretar nuestra historia y asumir la única y verdadera responsabilidad que nos ha sido asignada como misión ineludible, a lo largo de la Existencia:
SER LOS PROTAGONISTAS DE NUESTRA PROPIA HISTORIA.

Esto significará quitarles a los demás el poder de juzgarnos, y devolvernos el timón de nuestro barco, para orientarlo a través de las agitadas aguas y, asumiendo el precio de vivir, llevarlo a buen puerto, donde estaremos al resguardo de cualquier tipo de agresión.

Revalorizar nuestras emociones

Conocer el terreno que estamos pisando nos dará la fortaleza para superar las inseguridades que antes nos hicieron sentir como víctimas inútiles de un mundo que sigue su curso, muchas veces, sin siquiera reparar en nuestra presencia, y al cual, sin embargo, desde nuestra empequeñecida visión, hemos otorgado una jerarquía que no se merece.

¿Quién, si no nosotros, puede ser capaz de enfrentarse a estos desafíos trascendentales en la vida y que señalan etapas de desarrollo y crecimiento haciendo frente a las adversidades desde su justo lugar y no desde la visión devaluada de nuestra persona, que siente que no merece el bienestar ni la felicidad?

Creemos equivocadamente que las emociones tienen por objeto paralizarnos o desestabilizarnos, cuando en realidad son los mejores instrumentos para tornarnos más decididos y más hábiles a la hora de enfrentarnos a la verdad.

Expresar estas emociones nos llena de energía y nos permite delinear una estrategia para dejar de ser víctimas y escuchar las voces interiores que nos orientan hacia la solución real de nuestros problemas.

El enojo

El **enojo** nos impide permanecer impasibles frente a una agresión o una injusticia que nos provoca una gran frustración. Si estamos en un restaurante y nuestra comida llega a la mesa fría o quemada, el enojo nos estimula las ganas de defender nuestros derechos y de no ser manipulados como si fuéramos ingenuos.

No tenemos por qué aparecer como víctimas, cuando podemos y debemos defender nuestros derechos, sin necesidad de agredir a nadie, pero utilizando los criterios de autoafirmación, que se basan en el concepto de que somos capaces de expresar lo que queremos, de acuerdo con lo que estamos pensando y sintiendo en ese momento. Ser asertivos nos prepara para hacer frente a las situaciones cotidianas molestas y duras, como la relatada.

La tristeza

Otro elemento que nos acompaña en los momentos difíciles es la **tristeza**, que no debemos confundir con la depresión. Llorar nos proporciona un alivio progresivo ante una pérdida o un abandono. Si algo no va bien en nuestra vida, permitámonos expresar nuestra tristeza y concedámonos el permiso para derramar algunas lágrimas, que actuarán como un bálsamo maravilloso para nuestro dolor.

Apelar a nuestros sentimientos, no reprimirlos

En lugar de ocupar el rol de víctimas, apelemos a nuestras emociones, las cuales nos informan de nuestros deseos, de nuestras necesidades, y reflejan lo que hay en la profundidad de nuestro ser. La vida comienza a tener sentido en la medida en que les damos una jerarquía a nuestros sentimientos y emociones.

Reprimirlos, en cambio, nos hace perder nuestra identidad, porque nos separa de nuestras sensaciones más íntimas, desorientando nuestro comportamiento.

La aptitud para llegar a ser una víctima está estrechamente ligada a la incapacidad para decir "no". Una buena autoestima depende de nuestra decisión para comunicar con claridad lo que queremos decir.

Si decimos "sí" cuando en realidad queremos decir

"no", estamos desestimando nuestras propias necesidades e invitamos a los demás a victimizarnos.

Dejar de ser víctimas pasa por recuperar la confianza en nosotros mismos mediante el respeto hacia lo que sentimos. Si aceptamos nuestras emociones y aprendemos a reconocerlas, nos estaremos abriendo a un mundo nuevo, donde no hay lugar para los lamentos, sino que el espacio será utilizado para crecer y proyectarse hacia un futuro promisorio, fruto de levantar la censura hacia lo que se gesta en lo más profundo de nuestro ser.

Ahora sí estamos en condiciones de darle una nueva interpretación a nuestra historia personal, e ir dejando de lado esa cómoda posición de atribuir nuestras desgracias a la mala suerte, a la malicia o a la mala intención de los demás.

Ya estamos en sintonía con nuestro interior, que nos servirá de guía, brújula que nos señale el norte hacia donde queremos llegar. No hay límites, salvo los que artificialmente nos ponemos nosotros por desconocer nuestro verdadero potencial.

Nuestra misión es darle a ese potencial la justa dimensión para que nos estimule a encontrarnos con nuestra autoestima, llave maestra para el logro de nuestras aspiraciones.

❖ ❖ ❖

SÉ FIEL A TI MISMO, PESE A TODO

En este mismo instante estás luchando
con tu mundo interior.
Te preguntas
qué es lo que sientes sobre cada cosa y si eres feliz.

TOMA UN CAFÉ CONTIGO MISMO

*Estás cambiando, convirtiéndote
justo en esa persona
que anhelabas ser,
pero ahora descubres que esos cambios
causan dificultades
a quienes te rodean.
Ellos quieren que continúes siendo
tal como eras siempre,
tal vez hasta prefieran
que seas algo para ellos
antes que ser tú mismo.
Pero ha llegado el momento
de reflexionar sobre tu vida.
Debes seguir andando
por el camino que has escogido
y hacer algunas correcciones
en tu estilo de vida.
Encontrarás el lugar nuevo
en el círculo de tus seres amados,
pero no olvides que cada uno debe crear
su propia idea del yo y de la felicidad
Nadie debería someterse al molde
de ideales ajenos.
Lucha por lo que crees y deseas;
Sigue haciendo que tu mundo esté completo
con sólo ser tú mismo.
Todos los días
descubre algo nuevo y diferente
sobre ti mismo
y recuerda que sólo te sientes
contento de existir
cuando te concentras*

*en tus propios objetivos,
en ser tú mismo y en aprovechar a fondo
cada minuto de tu vida.*

DENA DILACONI

Capítulo 3
Nuevas interpretaciones para nuestra historia personal

> *Nuestra mayor debilidad reside en que tendemos a abandonar. La manera más segura de lograr los objetivos siempre es intentarlo una vez más.*
>
> Tomás A. Edison

La manera en que reaccionamos frente a los desafíos de la Existencia tiene que ver fundamentalmente con las vivencias que hemos ido atesorando en el tránsito por la vida.

De esos sucesos que hoy, mirando retrospectivamente, podemos catalogar como episodios de éxito o de fracaso hemos podido extraer –o, mejor dicho, debimos haber extraído– la enseñanza de no volver a cometer los mismos errores, con la finalidad de evitar la desagradable sensación que producen las pérdidas vinculadas a los fracasos.

Claro que es más fácil detenerse en el éxito y en el bienestar que generalmente lo acompaña que incursionar en las sombras de los fracasos, reconociendo los errores y debilidades de nuestra personalidad, con el único fin de cambiar nuestro futuro.

Sin embargo, en este capítulo vamos a introducirnos de cuerpo y alma en el análisis de nuestra propia historia personal, e iremos esbozando juntos una interpretación diferente de esos sucesos que hoy nos atormentan, por los sentimientos negativos que desatan en nuestro interior.

Créame que tenemos que hacerlo, porque al final, cuando logremos una visión distinta de la historia de nuestra vida, las aguas internas comenzarán a aquietarse y la serenidad volverá a nuestro espíritu, permitiéndonos evaluar con más equidad y con más justicia nuestro camino en la Vida.

Falta de control

Uno de los aspectos que más nos movilizan frente a los fracasos es la sensación de que son hechos que están fuera de nuestro control. Recordemos en este momento que cada uno de nosotros construye su Vida de acuerdo con determinados modelos o paradigmas que supuestamente nos protegen del daño que pueda provenir del exterior.

Pero un día, por distintas circunstancias, nos damos cuenta de que aquello que creíamos una verdad sólida, y sobre la cual construimos nuestra cotidianeidad, empieza a perder firmeza a la luz de una realidad que contrasta duramente con lo que fueron nuestros sueños y nuestras ilusiones.

Es entonces cuando sentimos que estamos solos para resolver nuestras dificultades y que debemos recurrir una vez más, o por primera vez, al diálogo interno, para encontrar las respuestas que nos permitan desarrollar estrategias de supervivencia frente al devastador efecto de las pérdidas que sufrimos en la lucha diaria por vivir mejor.

No sólo se trata de que los hechos están fuera de nuestro control; la vivencia es que son algo que nos han hecho a nosotros, y que nosotros no elegimos. De un momento a otro nos sentimos absolutamente impotentes y sin armas ni fuerza para luchar.

Nuestro destino ha sido determinado por designios ajenos a nosotros. Así es como nos sentimos. Pero esto no necesariamente tiene que ser la verdad. Una cosa son los hechos y otra muy diferente los sentimientos que esos hechos generan en nosotros.

El fracaso provoca ineludiblemente un sentimiento de impotencia frente a la interpretación que se genera en nuestro interior y que nos atribuye el rol de víctimas, el mismo que estamos obligados a modificar a punto de partida, justamente de la reinterpretación de lo que nos sucedió.

El cristal con que se mira

Reinterpretar es como estar en un aeropuerto en tránsito, un período de transición en el que hemos de recuperar la fuerza y el control de nuestra vida.

Podemos sentirnos de diversas maneras, y en general como los grandes perdedores de la lucha por la vida, lo cual facilita enormemente nuestro rol de víctimas. Pero aun en medio de las tinieblas que se ciernen ante nuestros ojos, impidiéndonos reconocer las herramientas de que disponemos, poseemos la mejor y más versátil de todas, la que nos ayudará a orientarnos en el camino correcto: **NUESTRA PROPIA MENTE**.

El fracaso es un juicio que emitimos sobre hechos y acontecimientos de nuestra propia existencia. Podemos haber perdido dinero en un mal negocio o sufrido una ruptura afectiva, o pudimos haber tenido un desempeño insuficiente a la hora de presentarnos a un examen. Todos estos hechos que anteceden son eso: **HECHOS**.

Todo lo que viene a continuación del hecho o acontecimiento es nuestra manera de pensar y sentir al respecto. En otras palabras: lo que sigue al hecho es una **INTERPRETACIÓN** de éste.

Si partimos de la base de que se trata de una interpretación, también podemos usar nuestra mente para elaborar una interpretación distinta, que nos permita modificar nuestro juicio sobre lo que estamos viviendo.

¿Qué es lo que buscamos con esta actitud? Ni más ni menos que sentirnos mejor. Todo lo que podamos hacer o crear para aplacar nuestro sentimiento de destrucción es válido. Es inútil pensar en avanzar, y mucho menos en funcionar con eficiencia y alegría de vivir, mientras no seamos capaces de recuperar la autoestima y la creencia de que merecemos algo mejor, algo que compense nuestro esfuerzo por sobrevivir.

En relación con los acontecimientos de la vida de los seres humanos es muy difícil encontrar "análisis objetivos", porque todo lo que conforma nuestra historia personal está teñido de cómo lo vivimos y, sobre todo, de cuál era el nivel de autoestima en el momento de la experiencia que se interpreta como fracaso.

Los hechos seguirán siendo los mismos. Lo que puede cambiar, con el tiempo, es su interpretación, como una forma de atribuirnos el derecho a seguir existiendo de una manera digna frente a nuestros propios ojos y los de los demás.

Mientras permanezcamos aferrados a las respuestas negativas sobre lo que nos aconteció, estaremos invirtiendo una gran cantidad de tiempo en preocuparnos, actividad que nos puede llegar a obsesionar hasta ocuparnos las veinticuatro horas del día, y de todos los días. Las preocupaciones tienen la triste virtud de destruir la imaginación más creativa y dejar sin energía a quien las sufre.

Las interpretaciones negativas que acompañan las preocupaciones pueden llegar a producirnos un verdadero estado de parálisis. En contrapartida, la búsqueda de interpretaciones positivas nos da el aliento necesario para continuar luchando. Es de acuerdo con esto que la reinterpretación resulta de capital importancia para seguir viviendo con respeto por nosotros mismos, más allá de los hechos, sean éstos cuales fueren.

¿Se da cuenta de por qué debemos hacer el intento?

¿Podemos ser capaces de circunscribir nuestros sentimientos a uno o a determinados sucesos, sin inferir como consecuencia que somos un desastre en todos los órdenes de la vida? ¿Existe el deportista profesional que no haya perdido algún partido importante o una final de campeonato? ¿Debe por eso retirarse, o más bien tratar de mejorar su juego para poder competir mejor la próxima vez? ¿Por qué no podemos hacer esto con nuestra vida cotidiana?

¿Qué es lo que nos lo impide? Una respuesta es que no tenemos un buen nivel de autoestima que nos permita confiar en el proceso de nuestros pensamientos, lo que nos hace dudar de nuestra valía, más allá de los buenos resultados que ocasionalmente podamos obtener en nuestro esfuerzo por vivir con dignidad.

Otra explicación puede estar vinculada con el modelo de perfección que muchas veces, erróneamente, manejamos, y que no reconoce el fracaso como una de las posibilidades en el libre juego de la Vida, donde éxito y fracaso son anverso y reverso de una misma moneda.

Aceptar que se ha perdido y no deprimirse por ello, levantarse con rapidez luego de la caída y concentrar los esfuerzos en recuperarse, son actitudes que diferencian a los ganadores de los perdedores.

Otra de las habilidades que distinguen a los que no se dejan doblegar por los fracasos es cómo perciben que pueden llegar más allá del episodio en particular, poniendo énfasis siempre en lo que pueden lograr, y no en los imposibles. Debemos recurrir a aquello en lo que nos sentimos seguros y fuertes, como forma de mirar el futuro con optimismo y con la convicción de poder transformar el eventual sentimiento de impotencia en una fuerza creativa que nos abra el camino de la superación.

La crisis como oportunidad

La importancia de buscar una nueva interpretación a los hechos que estamos viviendo se funda en el riesgo que significa permanecer aferrados a la primera visión de los acontecimientos, sin darnos la oportunidad de ampliar nuestras opciones, y de esa manera quedando así atrapados en algunas de las etapas que necesariamente debemos recorrer, a punto de partida del momento en que se produce la herida que tanto nos duele.

Con extremada frecuencia quedamos fuertemente unidos a la ira que nos produce la incapacidad de procesar el daño que estamos experimentando, y de esa manera el fracaso parece no llegar nunca a su fin, y se convierte en nuestra sombra, cubriendo nuestros ojos con un velo que no nos deja "ver" lo que podría ser un éxito futuro.

Llegar a vernos de otra manera es un paso muy importante en esta titánica tarea de remover los escombros del alma luego de este verdadero sismo que pone a prueba nuestra entereza moral y física.

Si pudiéramos, en medio de la tristeza y la falta de confianza en nosotros mismos, comprender que los fracasos son oportunidades que nos brinda la Vida para aprender

—y no sólo para demostrarnos cuán ineficaces e ineptos somos para defendernos de los embates de aquellos que parecen sólo querer hacernos daño—, tal vez entonces nos resultaría más fácil emerger de la oscuridad que nos impide apreciar que el sol sale para todos, incluidos nosotros, y no sólo para aquellos que hoy disfrutan del éxito y del bienestar.

El fin puede ser el principio

Veamos alguna situación por la que podamos pasar, usted como lector y yo como autor de este libro. Supongamos que nos vemos enfrentados a un suceso que ambos identificamos como un fracaso. Tenemos la tristeza acorde al grado de sentimiento de pérdida que hemos experimentado.

A partir de este punto, podemos tomar el episodio como el final de nuestra historia en la vida o podemos intentar vivirlo como una adversidad más de las que estamos acostumbrados a vivir cotidianamente. Advierta usted cómo la manera diferente de encarar una misma situación tiñe nuestro futuro de una manera muy distinta.

Si el episodio se convierte en el final de la historia de nuestra vida, quiere decir que de allí en adelante nos enfrentaremos al vacío de lo inexistente, a la desesperanza y a la más absoluta falta de estímulo para continuar nuestra lucha por la supervivencia.

En cambio, si somos capaces de visualizar el episodio como una más de las tantas adversidades a las cuales estamos acostumbrados a enfrentar, sentiremos interiormente que la tristeza y el dolor de la herida no tienen por qué ser algo permanente, que nos deje inválidos e imposibilitados de seguir adelante.

Es curioso, pero en esa singularidad que caracteriza a los seres humanos, cuando el episodio adquiere ribetes de tragedia, algunas personas sienten que es la derrota definitiva de sus anhelos, mientras que otras interpretan este vacío como un espacio para ser llenado con nuevas ideas, recurriendo a la visualización de sus potencialidades interiores, que están allí a nuestra disposición para ayudarnos a proyectar la nueva imagen que necesitamos para vencer nuestra desazón.

Hay algo que quiero que tenga siempre presente: todos tenemos la posibilidad de elegir entre ver el "vacío que nos acerca al precipicio" o vivir el acontecimiento presente como una adversidad más, lo que nos "libera" de esa carga negativa que nos hace sentir absolutamente impotentes.

Ahora bien: en este momento en que estamos luchando en nuestro interior por intentar sentirnos un poco mejor, ¿importa realmente cuál es "la verdad"? Si nos dan la posibilidad de elegir, ¿por qué no situarnos en la mejor posición para mirar nuestro futuro?

Una vez que hemos logrado darles a los sucesos una explicación diferente, también nos encontramos en condiciones de optar por transformar nuestra realidad. Resulta que cuando logramos ver los acontecimientos de otro modo, también revisamos nuestros valores, lo que nos permite realizar cambios de cierta magnitud en nuestra vida.

Lo primero que debemos hacer ante una situación que vivimos como fracaso, con el consiguiente sentimiento de pérdida, es **DETENERNOS Y HACER UN BALANCE DE LO QUE NOS ESTÁ PASANDO**. No debemos golpear una y otra vez insistiendo en seguir haciendo lo que hicimos hasta el momento en que la herida se produjo, sin evaluar el daño que se nos inflige.

Tengamos la grandeza de utilizar la oportunidad que nos da nuestro fracaso para reconsiderar no sólo lo que debemos hacer, sino la totalidad de nuestra vida. Seguramente veremos que la lucha constante por el éxito está plagada de ansiedades provocadas por el fantasma del fracaso, el cual ronda cada una de las decisiones que debemos tomar a diario. Y las preguntas de siempre: ¿Qué pasará si no me aceptan? ¿Cómo voy a sentirme si lo que hago no gusta?

Y en esta vorágine de inseguridad y falta de autoestima se desarrolla la vida de todos los días.

Veamos, pues, en un análisis profundo de nuestro modo de vivir, ¿qué es lo que estuvimos haciendo con nuestra vida hasta el día de hoy? ¿Qué posibilidades tenemos de bajar el terrible nivel de ansiedad que nos embarga? Y un par de preguntas que, a mi juicio, son clave en esta tarea de reinterpretar nuestros fracasos: **¿QUÉ NECESITAMOS PARA LLEGAR A ALCANZAR NUESTRO BIENESTAR? ¿QUÉ DEBEMOS CAMBIAR PARA ACERCARNOS A ESE CONCEPTO HASTA HOY QUIZÁ DESCONOCIDO PARA NOSOTROS?**

Todo hecho vinculado a la vida de los hombres y las mujeres puede tener siempre más de una interpretación. Esto es algo inherente a la condición humana. Recién cuando en nuestra escala de valores ingresa el concepto del bienestar, cambiamos la apreciación y la perspectiva de qué significación tiene el éxito y qué lugar debemos atribuirles a los hasta ahora llamados "fracasos".

Cuando nuestra salud física, mental y espiritual está en juego, y sentimos que hemos descendido hasta lo más profundo de la decepción respecto de nuestras actitudes y las de los demás, recién entonces estamos en condiciones de cambiar nuestros sentimientos, revisando palmo a palmo nuestro tránsito por la Existencia, y comenzando a tomar conciencia de la urgencia de un nuevo modo de vida.

El peso de los mandatos

Le pido que permanezca a mi lado en la búsqueda del porqué de nuestras actitudes y de nuestra manera de sentir que somos culpables de todo lo que nos sucede.

Siempre creemos que la respuesta de hoy se debe a lo que podríamos llamar la "ley de la acción y la reacción". Es decir: nos pasa algo y en consecuencia reaccionamos proporcionada o desproporcionadamente.

Pero, aunque creemos que estamos funcionando en el presente, nuestras respuestas están absolutamente teñidas por nuestra historia, nuestro pasado. La manera de interpretar los hechos no surge exclusivamente de nuestra visión del momento, sino que tiene una fuerte raíz en las experiencias que hemos ido sumando a lo largo de nuestra vida.

Todos tenemos una gran cantidad de influencias sobre nuestra manera de percibir los hechos, y tal vez las más importantes son los mensajes recibidos en los primeros años de vida.

La autoestima se construye a partir de esos primeros mensajes, del más diverso signo: desde los que estimulan nuestro crecimiento y nos hacen sentir triunfadores, hasta los conceptos de incapacidad e impotencia frente a los desafíos básicos de la vida; son la constante de nuestro crecimiento como niños y adolescentes.

¿Cuántas veces hemos sentido que para ser queridos debíamos ser ganadores o exitosos? ¿En cuántas oportunidades fuimos comparados con otros niños considerados "modelos" por su comportamiento y su rendimiento escolar?

Cuando el concepto de fracaso se asocia en nuestra

historia personal a la reprobación, la crítica ácida y, sobre todo, la desvalorización de nuestra persona, de adultos nos resulta imposible admitir que hemos tropezado y nos hemos caído. El sentimiento imperante es que no tenemos valor alguno si no estamos permanentemente en la cúspide, disfrutando de nuestro éxito.

Sin atender a nuestro propio juicio, valoramos más lo que los demás están pensando de nuestro desempeño, y ese poder que entregamos a los demás para que juzguen nuestro paso por la vida es una de las manifestaciones más genuinas de una baja autoestima.

A veces transitamos una buena parte de nuestra Existencia con el concepto de que debemos conformar a todos esos ojos que nos están observando, y a todos esos dedos índices que nos señalan, atribuyéndose potestades que nosotros les hemos entregado quizá sin darnos cuenta, y que hoy nos pesan sobremanera, haciéndonos sentir muy devaluados ante nuestro propio tribunal interior.

El "niño bueno" o la "niña buena" era aquel o aquella que siempre obedecía, independientemente de lo que sintiera o quisiera. El tránsito por la vida era una línea recta sin desviaciones de ninguna naturaleza; de ahí que un fracaso no estaba dentro de las posibilidades de esa vida tan programada y carente de flexibilidad.

Como los hechos nos demuestran a medida que nos desarrollamos, la Vida no está basada en esquemas rígidos e inamovibles, sino que, por lo contrario, la sucesión de acontecimientos a los que nos vemos expuestos a lo largo de ésta no hace otra cosa que poner a prueba nuestra capacidad de adaptación y de tolerancia a la frustración.

Pregúntese usted, que está leyendo este libro, cuáles han sido los instrumentos que recibió en su propia infancia, y analice de qué modo influyen en su percepción actual del mundo. Una vez que lo haya hecho quizás esté en mejores condiciones para preguntarse si está interpretando los hechos con objetividad y en el presente, o si gran parte de su interpretación se debe a todos los mensajes recibidos a lo largo de su vida.

Es cierto, es imposible desligarse por completo de esos mensajes, pero si los reconocemos podemos quitarles el poder de actuar sobre nosotros con un criterio tan limitador, que nos estrecha enormemente la visión de la realidad.

Cambiando el color de nuestra vida

Ahora veamos desde un punto de vista práctico cómo puede usted darle a su situación actual un color diferente. En primer lugar tome conciencia cabal de cuál es su situación *hoy*.

- Anote el o los hechos que lo tienen sumido en ese rol de "pobre ser humano". Vea primero su versión, seguramente negativa y de poca o nula confianza en su capacidad para revertir lo que siente.
- A continuación, solo o ayudado por alguien más, intente darle a la misma historia una interpretación diferente, cambiando por ejemplo el lenguaje que utiliza para referirse a usted como ser humano. Intente aunque no sea más que por un instante ubicar su problemática en un ángulo más positivo.

El pensamiento positivo por sí solo no logrará modificar en gran medida sus sentimientos pero, si bien reinterpretar los hechos tiene sus limitaciones, también encierra un gran poder.

La forma de pensar sobre lo que nos pasa afecta directamente la manera en que actuamos.

Si partimos de la base de que somos perdedores en la lucha por la vida, sin duda actuaremos de ese modo. Si, por lo contrario, somos capaces de advertir que tenemos la posibilidad de utilizar un lenguaje más afectuoso con nuestra persona, comenzaremos a conducirnos como personas que tenemos el control de nuestra vida actual y, lo que es más importante, **NUESTRA VIDA FUTURA**.

No nos acostumbremos a ser los más severos jueces de nosotros mismos. Aceptemos la posibilidad de equivocarnos, y tracemos un nuevo derrotero para nuestra vida. Podemos y debemos hacerlo, para demostrarnos que no estamos terminados y que tenemos mucho por descubrir en nuestro interior, tal como una entereza indestructible, frente a las pérdidas vividas como fracasos.

Desprenderse de las etiquetas

Una forma de ampliar nuestros horizontes es desprendernos de las etiquetas que forman parte del pasado. Cuando continuamos viviendo aferrados a un rol con el que nos hemos identificado, lo único que logramos es prolongar un sentimiento de impotencia que no nos permite rediseñar nuestra persona para enfrentar el mundo.

Los seres humanos no somos exclusivamente aquello que hemos elegido como profesión u oficio para ganarnos la vida. De la misma manera, en el nivel de los afectos, los modelos que eran perfectos hasta que sufrimos la pérdida que nos hizo sentir que habíamos fracasado deben ser modificados también, y para eso necesitamos liberarnos de las etiquetas que nos están maniatando.

Una vez más, es el lenguaje el instrumento más adecuado para guiar esta transformación. Cuando hablamos de cambiar las etiquetas que nos clasifican en distintos grupos, me refiero a cómo nos vemos en esta situación de profunda amargura por la que estamos atravesando.

Veamos un ejemplo para ilustrar el concepto que quiero transmitirle. Una persona trabaja en una empresa hasta que repentinamente queda cesante y toda su estructura de vida cambia en un instante. Una vez pasado el impacto de la noticia, con el correr de los días, este hombre o mujer toma conciencia de lo que está viviendo. Una vez que recorre todas las etapas que un fracaso nos hace atravesar, con toda su carga de ira por la injusticia de que ha sido objeto, intenta nuevamente salir a la búsqueda de un trabajo.

Es en este momento cuando el uso del lenguaje cobra una trascendencia fundamental. Esa persona puede referirse a sí misma como "un desocupado más, de los tantos que hay", o presentarse como "un ser humano que tiene posibilidades, y que tiene opciones". Y ese solo hecho de verse diferente le abre un abanico de oportunidades, pues no enfrenta su adversidad desde el lugar del fracaso sino desde el de la oportunidad.

De más está decir que no comparto el criterio de que el solo pensamiento positivo pueda cambiar las situaciones por las que probablemente usted esté atravesando. Pero si al pensamiento positivo le agregamos una concepción más amplia de las posibilidades de que disponemos por el solo hecho de pertenecer al género humano, y dado que nadie nació con un título o un oficio, o un determinado modo de ganarse la vida, puedo asegurarle que podremos avizorar en el horizonte alguna solución para nuestra situación.

Veamos ahora una situación similar, pero en el campo

de los afectos. Un fracaso puede hacernos sentir que la última posibilidad de encontrar un compañero/a para nuestra vida se ha esfumado.

Sin embargo, el pensar que tenemos opciones y que el dolor que hoy es intenso, pues la herida está abierta, va a dar lugar con el tiempo a una cicatriz, que será una zona débil de nuestro espíritu, pero que no podrá doblegarnos en nuestro intento por reinterpretar nuestra realidad y en nuestra misión de alcanzar el bienestar y la felicidad.

Somos lo que creemos ser

No es usual que nos detengamos a analizar cómo nos referimos a nosotros mismos cuando hablamos. Pero el lenguaje es una de las herramientas más poderosas, sobre todo cuando quienes debemos escuchar somos nosotros.

Comience a fijarse en cómo habla usted de sí mismo y qué mensaje recibe quien lo escucha, y luego podrá entender con más claridad por qué a veces no obtenemos aquello que deseamos. Obviamente, en toda situación, ya sea laboral o afectiva, existe "el otro", que también juega un rol importante en que podamos acceder o no a aquello que estamos necesitando y buscando.

Pero es de capital importancia cómo "nos vemos y nos sentimos" y cómo utilizamos un lenguaje que nos estimule o que dé por tierra con todos nuestros sueños. El poder de la palabra es tan poderoso como los talentos que cada uno de nosotros alberga en su interior.

Una vez más, acceder a una visión diferente de lo que nos pasa tiene mucho que ver con instrumentar estrategias que mejoren la confianza en nosotros mismos. Para cumplir este objetivo es necesario que nos proporcionemos claves que nos permitan conocer más profundamente cuáles son nuestras fallas, nuestros puntos débiles y nuestras insuficiencias.

Todos tenemos dificultades en diferentes áreas, y esas trabas nos impiden interpretar los hechos de nuestra Existencia de una manera diferente. Falta de seguridad, miedo a equivocarnos nuevamente, somatización de nuestros problemas emocionales en afecciones físicas, son efectos comunes de la pobre imagen que refleja nuestro sentir.

Habitualmente uno resalta aquellas facetas que le resultan más molestas y que son más visibles a los ojos de los demás, pero la realidad es mucho más compleja, y no podemos caer en la ingenuidad de creer que, si nos cubrimos la cara con nuestras manos e intentamos no ver más allá de lo que es evidente, nuestro sufrimiento se atenuará.

De ese modo lo único que logramos finalmente es aceptar que **SOMOS LO QUE CREEMOS SER**, y siempre nos vemos reflejados en esa imagen distorsionada de la realidad. Si nosotros mismos nos limitamos, estamos relegándonos a un lugar desde el cual se hace muy difícil intentar desarrollarnos.

Al reaccionar como lo hemos hecho siempre nos convertimos con el paso del tiempo en víctimas de nuestras creencias y opiniones y vivimos prisioneros en una cárcel construida por nosotros mismos.

De no intentar un cambio sustancial, esto nos condena a vivir en el desconocimiento de una parte importante de nuestra persona y a sentir miedo de todo aquello que no nos es familiar.

Quedarnos anclados en una única percepción de lo que nos sucede moviliza nuestra energía, y nos hace tomar conciencia de las limitaciones que nos impiden cambiar y tener una visión más amplia de nuestra realidad.

Mientras nos neguemos a afrontar nuestra propia Verdad, mientras sigamos intentando eludir nuestras responsabilidades, mientras no busquemos en nuestro interior la comprensión necesaria para nuestro sufrir, viviremos paralizados y con la sensación de que algo nos aprieta el cuello, impidiéndonos respirar el aire puro que necesitamos para oxigenar nuestras ideas.

La solución viene con el problema

Como en todas las encrucijadas de la Vida, tenemos varios caminos a tomar: uno de los más útiles, a mi juicio, es tratar de descubrirse, para que los cambios sean también mejores y estén a nuestro servicio.

Generalmente los problemas vienen acompañados de la solución correspondiente, de la misma manera que las respuestas a las preguntas están unidas a éstas. Pero si no nos tomamos la molestia de hacernos las preguntas, de cuestionarnos nuestros defectos, de descubrir las áreas débiles de nuestra personalidad, no digamos luego que no sabemos por qué sentimos que estamos arruinados.

Una nueva forma de ver los acontecimientos de la vida nos ayudará no sólo a sentirnos mejor sino también a modelar una nueva identidad personal, basada en la creencia de que tenemos derecho a equivocarnos y que quizá los hechos deban ser interpretados desde una óptica distinta, que nos posicione mejor frente al mundo exterior y, fundamentalmente, nos obligue a revisar nuestro mundo interior.

Ser analítico, enfrentar los balances existenciales, establecer puntos de referencia, hace que recobremos la fuerza para trazarnos un camino que nos conduzca hasta las profundidades de nuestro Ser. Si aprendemos a descubrir nuestras limitaciones, habremos dado un enorme paso para comenzar a superarlas.

Créame que sólo podrá ganar si se atreve a dialogar con sus problemas, si se atreve a identificar las áreas débiles de su personalidad, y si del pensamiento pasa a la acción, con la intención de ir corrigiendo progresivamente la obstinación por ver siempre su realidad a través del mismo cristal.

Es más, a veces nuestros puntos débiles son los que nos dan la pauta de cómo podemos aprovecharlos en nuestro beneficio, y de esa manera ir restando conflictos a nuestra estadía en este mundo.

Aprendemos así a mirarnos de una manera distinta, con una luz potente que comienza a disipar las zonas oscuras donde se alojan nuestras más profundas dificultades. Esto no es otra cosa que ¡conocerse!, para luego, inmediatamente, poder comprender cómo y por qué funcionamos de una determinada manera, aunque ella no nos guste en la actualidad. Así estaremos tomando contacto con nuestras verdaderas capacidades, en algo así como un "lanzamiento" de nuestra nueva forma de ser y de estar en este mundo.

Llegamos a carecer de confianza en nosotros mismos por múltiples razones, que se articulan unas con otras y que nos proporcionan una imagen real de cómo somos. Es precisamente en estas imágenes donde podemos vernos reflejados y reconocernos.

Nuestros puntos débiles pueden ser nuestra fuerza

¿Cuáles son los sentimientos que se alojan en la falta de confianza? Allí nos encontraremos con los sentimientos de ansiedad, de desánimo, de inferioridad, de vergüenza, de rechazo, que nos cercenan nuestro derecho a una

Existencia digna, y veremos cómo progresivamente hemos renunciado a ser nosotros mismos, muchas veces para intentar conformar a los demás.

La ansiedad

Cuando nos enfrentamos a situaciones que no hemos podido prever experimentamos una gran ansiedad. ¿Por qué las situaciones imprevistas generan en nosotros este sentimiento tan desagradable? Es que ellas llevan implícitas, por una parte, el peligro del enfrentamiento con lo desconocido y, por otra, la inseguridad que nos produce el no poder controlarlas.

Es necesario distinguir claramente el acontecimiento que desencadena la espiral ascendente de la ansiedad, que es generalmente exterior a nosotros, de la propia reacción ansiosa, que es un fenómeno vinculado con la reacción del organismo y que se produce en nuestro interior.

La ansiedad definida como el "temor sin objeto" es un sentimiento muy difícil de delimitar que nos invade cuando no podemos establecer un control adecuado de los acontecimientos que aparecen imprevistamente, y ante los cuales nos vemos en la necesidad de responder con rapidez.

La manera en que cada uno percibe el o los factores estresantes y, sobre todo, la capacidad de instrumentar soluciones adecuadas a los desafíos determinan el grado de la reacción ansiosa.

Cuantas menos alternativas de hacer frente a la situación tenemos, más hostil nos parece el desencadenante del estrés, y mayores la perturbación y el nivel de ansiedad.

Cuando el elemento más destacado es la falta de confianza en uno mismo, el umbral de tolerancia a la ansiedad es muy bajo.

Solemos evaluar la situación de una manera muy destructiva, siendo la reacción siempre de falta de adaptación.

Si estamos absolutamente convencidos de que no tenemos futuro, de que nuestra vida está marcada por una sucesión de fracasos, si no albergamos la mínima esperanza de cambio y de crecimiento, nuestra consideración frente a la realidad no será la más apropiada.

No nos sentimos con la estabilidad suficiente como para controlar acontecimientos que están más allá de nuestro círculo de acción, y que además percibimos como peligros que nos acechan, demostrándonos claramente nuestra incapacidad.

La intensidad de las reacciones ansiosas puede llevarnos hasta el agotamiento, porque los grandes esfuerzos que hacemos para controlar, además de la situación, la angustia y el pánico que nos invaden, consumen mucha energía y vulneran nuestra resistencia.

En última instancia terminamos creyendo que es más cómodo no enfrentarnos a los hechos, y de esa manera evitar las responsabilidades que emanan de ellos.

El desánimo

La autocrítica es una de las conductas más sanas que podemos concebir los seres humanos, como una forma de evaluar constantemente la manera de conducirnos en la difícil tarea que significa vivir.

Pero cuando, en lugar de ser jueces ecuánimes de nuestro quehacer cotidiano, adquirimos la tendencia a juzgarnos siempre negativamente, facilitamos la percepción de que cualquier cosa que emprendamos está destinada al fracaso.

Enfrentados a la necesidad de actuar, aparece en nuestra mente el concepto de la derrota, que nos hace razonar en términos de un fracaso potencial, en lugar de plantearnos la posibilidad de tener éxito en la empresa que nos proponemos.

En estas circunstancias somos absolutamente incapaces de ser objetivos respecto de nuestra realidad y siempre priorizamos los aspectos más oscuros de ésta, signando de problemático todo emprendimiento y sintiendo mucho miedo ante la responsabilidad y la posibilidad del cambio.

Esta inclinación a sobredimensionar los naturales escollos que se nos presentan a todos cuando queremos iniciar algo importante para nuestro desarrollo genera una sensación permanente de tensión e inseguridad.

La falta de confianza nos inclina a la constante evaluación de las distintas situaciones que debemos enfrentar y de nuestra capacidad para hacerlo. La autodesvalorización se sintetiza a menudo en el siguiente planteo: "Si no puedo hacerlo perfecto, mejor no comienzo". Este pensamiento expresa la certeza de que no vale la pena actuar, porque desde el comienzo ya sabemos que no vamos a obtener buenos resultados.

Esta desvalorización permanente de nuestra propia imagen nos lleva a ser cada vez más inseguros y a depender cada vez más de la aprobación de los demás para llevar a cabo nuestros proyectos. Así les estamos entregando a esas personas la posibilidad de juzgarnos siempre bajo sus parámetros, que no necesariamente son los nuestros.

Recuperar el ánimo es el primer paso para retomar las riendas de nuestra vida y para dejarnos guiar por nuestros propios sentimientos, dándoles a los demás seres humanos el lugar que verdaderamente les corresponde.

El sentimiento de inferioridad

La falta de confianza en uno mismo tiene un componente esencial, que la genera y la mantiene, y ése es el sentimiento de inferioridad. De acuerdo con la estructura psicológica de cada ser humano, este sentimiento puede ser permanente o presentarse por espacios de tiempo más o menos breves.

Cuando se instala de modo permanente, tornándose excesivo, anula la conciencia, y configura un verdadero bloqueo a la realización de cualquier proyecto personal. ¿Cómo lo bloquea? Con la excusa de la ineficacia: para qué intentar hacer algo que sabemos que no seremos capaces de llevar a buen fin.

Este sentimiento tan negativo alimenta la muy pobre imagen que tenemos de nosotros mismos. Aprendemos a hacer hincapié en nuestros defectos viéndolos a través de una lente de gran aumento. Como nos consideramos muy poca cosa, faltos de cualquier tipo de talento, y por ende muy poco interesantes, volcamos nuestra energía en apoyarnos en nuestras carencias y emitimos algunas frases que terminan convirtiéndose en una dura realidad: "Nunca me va bien", "Soy un incapaz", "Estoy convencido de que no sirvo para nada".

Hasta las acciones más intrascendentes las juzgamos como consecuencia de nuestra supuesta mediocridad. Un simple olvido, por ejemplo, juzgado con dureza desproporcionada, nos hace llegar a conclusiones absolutamente falsas, tales como "Soy una calamidad" o "Soy un estúpido que no tiene arreglo".

Y como si no fuera suficiente con jerarquizar nuestras carencias, también les negamos a nuestras virtudes el lugar que les corresponde. Así, siempre los demás son mejores que nosotros, ellos han de lograr lo que nosotros no podemos; son atractivos, cultos, con una inteligencia destacada, y por eso es lógico que tengan éxito, amigos, dinero, mientras que nosotros...

Dígame la verdad, querido lector o lectora: ¿Nunca se encontró en este tipo de situación? ¿Nunca creyó que los demás podían aquello de lo que usted no era capaz? Deberíamos preguntarnos con honestidad por qué lo hacemos, qué nos lleva a construir una imagen tan triste y tan pobre de nuestra persona.

En el diseño de este retrato no olvidemos que algunos individuos con poca seguridad en sí mismos se convierten en verdaderos dictadores con aquellos que consideran aún más débiles, mientras que son llamativamente amables con los poderosos y con los que se jactan de su fama y de sus riquezas. Este último comportamiento, por otra parte, se explica a partir de un sentimiento de inferioridad oculto en lo más profundo del ser que, para compensar sus dificultades, se convence de su propio valor proyectando una falsa imagen de seguridad, la misma que en realidad encubre su resistencia al cambio y su negativa a crecer.

A menudo la costumbre nos lleva a juzgarnos negativamente, y eso condena de antemano a un fracaso seguro cualquier tipo de emprendimiento. Si cada vez que nos toca actuar sentimos sobre nuestros hombros el peso de una probable derrota, no podremos experimentar la alegría asociada con la posibilidad de lograr el éxito en lo que nos proponemos.

Siempre que nos fijamos metas y objetivos debemos valorar aquellos elementos que juegan a favor de nuestros proyectos y aquellos que pueden dar por tierra con nuestras ilusiones. Ahora bien, si sólo somos capaces de ver los aspectos negativos, los inconvenientes y las desventajas, cualquier iniciativa será sólo una nueva fuente de conflicto para nosotros. Si insistimos en operar desde esa óptica, indudablemente los cambios y las responsabilidades van a generarnos un pánico irresistible.

Es así como no logramos darles a los sucesos de nuestra vida la dimensión que realmente tienen, y generamos en nuestro interior sentimientos profundos de tensión e inseguridad. Cada vez que estamos llamados a actuar aparece la contradicción: ¿Será el momento de actuar o debo esperar? ¿Me irá bien o he de fracasar nuevamente? Esta constante falta de decisión para determinar el rumbo de nuestra vida se convierte con el tiempo en el mayor escollo.

Dicho de otra manera, la tendencia constante a la desvalorización de nosotros mismos nos conduce a pensamientos altamente limitativos, como "si no puedo hacerlo en forma excelente, no vale la pena ni siquiera intentarlo", con lo que estamos cerrando la puerta antes de evaluar siquiera qué habríamos encontrado si nos hubiéramos animado a probar aunque más no fuera por una vez.

Y este pensamiento nos vincula directamente con la seguridad de que para qué hemos de esforzarnos, si igual no hemos de conseguir resultado alguno. La utilización de un lenguaje devaluatorio de nuestra persona se convierte lamentablemente en una profecía autocumplida. Así, permanecemos en un micromundo que supuestamente nos protege de la agresión exterior, opción equivocada y de la cual con el tiempo nos hemos de arrepentir.

La vergüenza

La vergüenza es un sentimiento que aparece cuando tenemos la certeza de que somos lo contrario de lo que deberíamos, absurda manera de juzgar nuestras capacidades que aplicamos a todo lo que no somos, a todo lo que no pudimos hacer y que tampoco hemos de poder realizar en el futuro.

Esta dura manera de autojuzgarse se expresa en apreciaciones tales como "No soy una persona valiosa", "No soy merecedor de respeto" o "Por algo estoy como estoy, algo debo haber hecho para merecer este destino". Nos hacemos todo tipo de reproches por no ser como sentimos que deberíamos ser y por no poder hacer aquello que a todas luces nos es conveniente pero, sobre todo, por sentir que nunca podremos hacerlo.

Este sentirse en falta con uno mismo y con el mundo va acompañado de un juicio extremadamente represivo hacia nuestra persona, tan severo que se acerca bastante al desprecio. No somos capaces de perdonarnos ni la mínima desviación de aquello que creemos es lo justo para nuestra existencia.

Esto nos conduce a sentir que sólo tenemos obligaciones, y que los derechos no existen para nosotros. Así, lenta pero progresivamente, nos privamos de aquellas cosas que nos hacen sentir bien, y que siempre relegamos a un segundo plano en nombre de las exigencias de la vida cotidiana.

Esta actitud de total intransigencia no deja espacio para el bienestar. Como estamos convencidos de que no somos dignos de respeto, tampoco nos sentimos merecedores siquiera de algunos momentos de felicidad. Es como que nos negamos a disfrutar de nuestra existencia.

Entre la vergüenza y el sentimiento de culpa hay un trecho muy corto, que hace que seamos al mismo tiempo jueces y acusados en un mismo proceso, que transcurre en nuestra imaginación y se distingue porque no tenemos un abogado que nos defienda en esta causa.

Mientras no logremos sentir que tenemos derecho a equivocarnos y, además, a ocupar un lugar en el Universo con nuestras virtudes y nuestros defectos, nos será difícil aprender a reinterpretar nuestra historia personal.

El rechazo

Este sentimiento aparece ante la seguridad de que nada en nosotros es digno de admiración y deja entrever el temor a enfrentarse al juicio de los demás, que es vivido como una sentencia inapelable. Cuando ni siquiera podemos construir un sueño sobre nosotros mismos, tampoco nos sentimos proclives a alimentar sueños sobre los sentimientos de los demás hacia nosotros.

Este rechazo hacia nuestra persona hace que hallemos muy escasas probabilidades de que alguien nos quiera porque, sin siquiera preguntarles a los demás qué piensan de nosotros, prejuzgamos y creemos que seguramente pensarán igual que nosotros, es decir, que no vale la pena quererrnos. En conclusión, nos sentimos criticados y rechazados, aunque esto no sea cierto. Somos extremadamente sensibles a la mínima observación, porque ésta no hace otra cosa que confirmar y reforzar todos nuestros aspectos negativos.

El juicio de los demás se convierte en una declaración indiscutible que de nada sirve refutar, porque entendemos que los demás sienten que no valemos nada. Y así, poco a poco, con el paso del tiempo, nos acostumbramos a lo que piensan los demás, y renunciamos a manifestar nuestras propias ideas.

¡Cuidado! No es el mundo el que nos excluye. Somos nosotros mismos quienes no nos damos el lugar que nos corresponde, utilizando una hipersensibilidad que nos permite disfrazar nuestra realidad. Sufrimos intensamente, y comprendemos que el único camino viable es buscar una nueva interpretación a lo que está sucediendo. Eso lo realizaremos en soledad, o pidiendo ayuda. ¡Recuerde que pedir ayuda no es una vergüenza!

Ayúdese a liberarse de todos estos sentimientos, que le están impidiendo encontrarse con su verdadero destino.

❖ ❖ ❖

Cuenta una antigua leyenda que, en la Edad Media, un hombre muy virtuoso fue injustamente acusado de haber asesinado a una mujer.
En realidad el verdadero autor era una persona muy influyente del reino y por eso desde el primer momento se buscó un chivo expiatorio para encubrir al culpable.
El hombre virtuoso fue llevado a juicio, ya conociendo que tendría escasas o nula oportunidad de escapar al terrible veredicto, ¡la horca! El juez, no obstante estar también complotado, cuidó darle al proceso todo el aspecto de un juicio justo. Por ello dijo al acusado: "Conociendo tu fama de hombre justo y devoto del Señor, vamos a dejar en manos de Él tu destino; escribiremos en dos papeles separados las palabras 'culpable' e 'inocente'. Tú escogerás uno, y será la mano de D'os* la que decida tu destino". Por supuesto que el mal funcionario había preparado dos papeles con la misma leyenda, CULPABLE. *La pobre víc-*

---

* NOTA DEL AUTOR: Por razones de tradición la palabra "Dios" ha sido escrita como "D'os".

tima, aun sin conocer los detalles, se daba cuenta de que el sistema propuesto era una trampa. No tenía escapatoria.

El Juez conminó al hombre a tomar uno de los papeles doblados. Éste respiró profundamente, quedó en silencio unos cuantos segundos con los ojos cerrados y cuando la sala comenzaba ya a impacientarse abrió los ojos y con una extraña sonrisa tomó uno de los papeles y llevándolo a su boca, lo tragó con rapidez.

Sorprendidos e indignados, los presentes le reprocharon airadamente: "Pero… ¿qué has hecho? ¿Y ahora cómo vamos a saber el veredicto?". "Es muy sencillo", respondió el hombre. "Si leemos el papel que queda, sabremos lo que decía el que me tragué." Con rezongos y rabia mal disimulada, debieron liberar al acusado y jamás volvieron a molestarlo.

Conclusión: SEA CREATIVO, CUANDO TODO PAREZCA PERDIDO, USE LA IMAGINACIÓN.

AUTOR ANÓNIMO

En los momentos de crisis, sólo la imaginación es más importante que el conocimiento.

ALBERT EINSTEIN

Segunda parte
La autoestima, instrumento fundamental de nuestro bienestar

Capítulo 4
¿Qué es la autoestima?

La primera y mejor de las victorias es la conquista de uno mismo.

PLATÓN

En nuestra vida de interrelación social somos permanentemente juzgados por nuestras actitudes, lo cual afecta en mayor o menor medida nuestro desempeño. Nuestro grado de permeabilidad al juicio de los demás determinará en buena medida los éxitos y fracasos que cosecharemos a lo largo de la Existencia.

Por algún motivo, siempre llega una etapa, en nuestro deambular vital, en la cual nos planteamos si debemos seguir siendo tan permeables a la opinión de los demás acerca de nuestras acciones, y si no habrá llegado también el momento de analizar a conciencia lo que pensamos de nosotros mismos, es decir, el juicio que nos merece nuestra propia persona.

Cuando advertimos que estamos llegando a esta estación de nuestro recorrido existencial, experimentamos una extraña sensación, que no nos resulta familiar, porque no la habíamos dejado formar parte de nuestra cotidianeidad. Es que, por primera vez quizá, pero con una fuerza inusitada, aparece en nuestra vida el pensamiento de que debemos respetar lo que sentimos.

Entonces nos preguntamos una y otra vez ¿cómo se

hace?, porque no estamos acostumbrados a escuchar los susurros de nuestro corazón, ya que por mucho tiempo no hemos permitido que se manifiesten plenamente esos sentimientos que trataban de irradiar luz a la vera de un camino oscurecido por el temor y la falta de confianza. Aparece así una extraña fusión en la que se mezclan profundamente dos fuerzas incontenibles:

- la necesidad de generar respeto hacia nuestra persona; y
- la necesidad de comenzar a creer en nosotros mismos.

Respetarse

El respeto por uno mismo, eje central de la visión que tenemos de nuestro derecho al bienestar y la felicidad, es también el derecho que nos asiste a reiterar los pensamientos acerca de la validez de afirmar que la alegría de vivir es un bien no negociable al cual tenemos acceso por el solo hecho de ocupar un lugar en el Universo.

El respeto por uno mismo también se va gestando en la medida en que nos consideremos merecedores del bienestar y, por qué no, de la felicidad. ¿Es que acaso estos atributos están reservados para unos pocos, tal vez elegidos? Probablemente usted alguna vez, al tomar conciencia de sus dificultades para acceder a un mínimo bienestar, se ha interrogado acerca de la validez de estos conceptos, poniendo así en duda el respeto por usted mismo.

Convengamos en que, si no construimos esa imagen de solidez desde una etapa temprana en nuestra vida, si no estamos convencidos del poderoso instrumento que es una adecuada autoestima para ser eficaces en cada acto de la

Existencia, seremos los primeros en socavar ese derecho irrenunciable que tenemos todos los seres humanos.

¿Cómo pueden los demás respetarnos, si mostramos una pobre imagen y un juicio absolutamente devaluatorio de nuestra propia persona? Es mucho más fácil sentirnos avasallados por los demás que reconocer que, al no establecer una buena relación con nosotros mismos, les estamos ofreciendo la posibilidad de emitir juicios adversos sobre nuestros actos.

Por lo tanto, no nos consideremos culpables por creer que somos merecedores del bienestar y de la felicidad. Reafirmemos nuestro sentimiento de valor personal, tengamos una actitud positiva hacia nuestro derecho a vivir dignamente. Tengamos la valentía de admitir cuáles son nuestros deseos y necesidades, así como de hacérselo saber a los demás.

De esa manera, estaremos desde el principio estableciendo límites sin agresividad y sin egoísmos, dando a entender a quienes nos rodean que, más allá de las dificultades que todos tenemos en esta lucha cotidiana por la supervivencia, hay valores que son fundamentales, sobre todo aquellos relacionados con la calidad de vida del ser humano.

Respeto, dignidad, sentimientos de valor personal, son distintas facetas de una piedra preciosa que nos es entregada para tallar en ella las aristas de nuestra personalidad. Aceptemos el desafío que significa establecer una relación de armonía con nosotros mismos, en la cual sustentar la construcción de una autoestima saludable.

Estos elementos son los únicos con que a veces contamos para sentirnos bien aun en tiempos difíciles. Si aprendemos a respetarnos, habremos dado un gran paso en pos del desarrollo de una autoestima sana, que nos ayude a ver el mundo desde un ángulo optimista, basados en la capacidad de los seres humanos de visualizar nuestro propio futuro.

Creer en uno mismo

Al respeto por nuestra propia persona debemos agregarle otro componente fundamental en la construcción de la autoestima: la creencia en nosotros mismos.

¿De que se trata esto de creer en uno mismo?

La confianza en uno mismo es otro de los pilares fundamentales de una buena autoestima. Esta confianza está íntimamente ligada a un concepto de eficiencia y eficacia personales que nos permite enfrentar con éxito los desafíos básicos de la Existencia. Tener fe en nuestra capacidad para tomar decisiones, elegir y, sobre todo, pensar y permitirnos percibir que la alegría y el bienestar son conquistas naturales del ser humano son algunas de las facetas más destacadas de este pilar.

Cuando una persona se siente incapaz de sortear con éxito los naturales obstáculos que se le presentan en su lucha diaria por la supervivencia, basada en su falta de confianza, reconocemos en ella una carencia de autoestima. Es posible que otros atributos adornen su personalidad, pero si a la falta de confianza le sumamos la carencia de un sentido básico de respeto a sí mismo, sin duda estamos ante un individuo que debe imperiosamente desarrollar su autoestima.

Qué es la autoestima

¿Por qué hacemos hincapié en estos dos componentes como factores imprescindibles de una buena autoestima? Porque si falta uno de ellos, tan solo, la autoestima desciende muy notoriamente. La suma de ambos hace a la esencia del término.

Sentirnos eficaces nos genera la percepción de que tenemos control sobre nuestra vida, lo que inmediatamente está ligado a una sensación de bienestar. Darnos cuenta de que somos los actores principales de una obra que nos muestra como seres activos y responsables de aquello que nos pasa, y no como espectadores pasivos, víctimas de los designios de los demás, nos provoca un sentimiento de gran paz interior.

A modo de ejemplo, si nos analizamos en el curso de nuestra vida, observaremos que los niveles de autoestima no permanecen siempre iguales, sino que sufren fluctuaciones inevitables que están íntimamente ligadas a las oscilaciones de nuestro estado psicológico, el que a su vez es influenciado por los avatares de una existencia que se ha tornado cada vez más difícil, y que diariamente nos pone a prueba.

Estamos pues, ahora sí, en condiciones de esbozar una definición que nos permita saber de qué estamos hablando cuando nos referimos a la **AUTOESTIMA**.

LA AUTOESTIMA ES TOMAR CONCIENCIA DE QUE POSEEMOS LOS INSTRUMENTOS PARA ENFRENTARNOS A LA LUCHA POR LA VIDA Y DE QUE, AL IGUAL QUE LOS DEMÁS SERES HUMANOS, TENEMOS DERECHO AL BIENESTAR.

Esta definición contiene en su seno la convicción de que, como adultos, somos capaces de ganarnos la vida y de ser responsables de nosotros mismos, admitiendo también que somos lo suficientemente resistentes para no caer frente a la adversidad, y que hemos de hacer el intento una y otra vez en pos de nuestras metas.

Vamos comprendiendo por qué la autoestima se convierte en una necesidad fundamental del individuo, esencial para una vida normal y saludable en lo que tiene que ver con la forma de relacionarnos con los demás y con la visión que adquirimos del mundo a medida que experimentamos esta aventura que significa vivir.

En un mundo altamente competitivo y que nos obliga a desarrollar un ritmo de vida muy acelerado, es un arma muy poderosa el poder confiar en nuestra mente y sentirnos seguros para responder adecuadamente tanto a los desafíos como a las oportunidades que se nos presentan.

Una buena autoestima nos hace sentirnos fuertes, con una energía positiva que, puesta al servicio de nuestra motivación, nos acerca al éxito y nos permite, una vez alcanzada la meta, disfrutar de nuestros logros plenamente, sin sentirnos culpables.

Debemos constantemente afinar este instrumento para la vida, porque cuanto más sólida sea nuestra autoestima, mejor nos sentiremos para enfrentarnos a las situaciones difíciles, y con mayor celeridad podremos recuperarnos de los inevitables traspiés que forman parte de la experiencia vital.

Recordemos en este momento que una persona con una buena y sólida autoestima muy difícilmente se verá atrapada en una depresión. Puede sufrir, estar triste por acontecimientos que la conmueven profundamente, pero siempre conservará la íntima convicción de que tiene argumentos para seguir viviendo, que vale la pena vivir y que, una vez que haya cicatrizado su herida, volverá a la lucha con fuerzas renovadas y dispuesta a recuperar la alegría de vivir.

Analice su propio nivel

Piense ahora en usted: ¿Cómo está su autoestima? ¿Sabía que existe? Pues bien, si no lo sabía, ahora sí, y por lo tanto llegó el momento de secar las lágrimas que surcan sus mejillas, para poner el mejor de los empeños en desarrollar una buena autoestima.

¡Ah! Hay algo que no he dicho aún, y es que, si usted considera que no tiene una autoestima adecuada, puede desarrollarla. Le indicaré un camino a recorrer para que se reencuentre con esa persona de valor que hay en su interior. No le tema, es su mejor amigo.

Vamos, acerque esa mano, transitemos juntos por el camino de la conquista del buen vivir, que es un sinónimo de conquistar la alegría de vivir.

Estamos en el punto de partida, donde hemos hurgado en los pilares básicos sobre los que se asienta esta experiencia fascinante de evaluar el juicio que nos merece nuestra propia persona. Veamos ahora, si usted tuviera que darse un puntaje de 1 a 10, donde 1 fuera el mínimo y 10 el máximo, cómo puntuaría:

- La confianza en usted mismo   Puntaje: a)
- El respeto por usted mismo   Puntaje: b)

¿Cómo cree que le fue en esto de analizar el grado de confianza y respeto que usted ostenta en la actualidad?

Vea, si el puntaje ha sido alto, estamos en el buen camino, y sólo hay que cuidar que esa imagen no decaiga frente a los avatares de la vida cotidiana. Pero si el puntaje no ha sido satisfactorio, y yo lo llamo satisfactorio si está por encima de 7, no se alarme, lo que debemos hacer es invitarnos a tomar un café con nosotros mismos para descubrir los orígenes de esa visión negativa de nuestra persona.

Allí deberemos profundizar en ciertos aspectos de nuestra personalidad quizás olvidados o desconocidos hasta el presente, y ser francos, honestos y transparentes, para ir siempre tras la búsqueda de nuestra Verdad, sin limitaciones y sin ataduras.

Siendo sinceros podremos cambiar ciertos modelos de comportamiento y descubrir la inmensidad de opciones que la vida nos ofrece a todos; sólo tenemos que aprender a reconocerlas y sentir que están a nuestra disposición, para que las utilicemos en nuestro beneficio. Si usted puede elegir confiar en su mente y sus pensamientos, ¿por qué insistentemente elige lo contrario? ¿No habrá quizás un sentimiento de falsa autoprotección en decirse una y otra vez "¡No puedo!" o "¡No seré capaz!", y así evitar hacer el intento de lograr la meta que se había propuesto?

Una autoestima adecuada nos convierte en verdaderos buscadores de nuestro destino, haciéndonos crecer frente a los desafíos y no dejándonos cejar en el esfuerzo por alcanzar los objetivos que nos hemos fijado, por difíciles que éstos sean.

Por el contrario, el déficit de autoestima nos lleva inconscientemente a buscar el amparo de aquello que ya conocemos y que nos resulta fácil. Cuando no nos animamos a explorar nuestro mundo, cuando todo nos parece demasiado esfuerzo en comparación con el riesgo que lleva implícito, caemos en la inoperancia más absoluta, y nos dejamos invadir por el sentimiento de impotencia frente a la vida.

Una buena autoestima nos permite posicionarnos mejor para hacer frente a las inevitables situaciones de nuestra vida personal o laboral y nos ayuda a recuperarnos de nuestras caídas con mayor rapidez y más energía para volver a intentarlo con menor sufrimiento.

Todos tenemos contratiempos en esta tarea nada fácil de vivir con dignidad y respeto, y está claro que las distintas situaciones que nos vemos obligados a enfrentar serán mejor manejadas en la medida en que nuestra autoestima nos apoye, desde el centro de nuestra propia persona.

Una experiencia personal intransferible

¿Por qué es tan importante esta experiencia única e irrepetible? Porque no se puede adquirir ni nadie nos las puede regalar. Es una experiencia íntima que nos hará crecer de dentro hacia fuera, desde el centro mismo de nuestra persona, irradiando su luz y proyectándola a todo lo que nos rodea.

Tengamos la valentía de analizar lo que realmente queremos para nuestra vida, y preguntémonos si nos gustaría relacionarnos con personas que saben lo que quieren, que luchan constantemente para lograr lo que se proponen, o si nos sentimos mejor con personas que no tienen muy claro hacia dónde se dirigen, que son incapaces de efectuar cambio alguno en su vida por temor al riesgo que ello lleva implícito y que permiten que la pasividad los paralice y los torne totalmente negativos.

Sentirnos halagados por la admiración de quienes nos rodean o tener éxito económico o profesional no es suficiente para desarrollar una buena autoestima. De hecho, si echamos una ojeada a la historia, encontraremos ejemplos de exitosas estrellas del mundo cinematográfico o la música popular, siempre rodeadas por el éxito y aplaudidas por su público, que, sin embargo, sumidas en la más profunda de las desesperanzas, pusieron fin a su vida de manera abrupta.

Esto nos muestra claramente que la autoestima no se alimenta con los supuestos triunfos en nuestro mundo exterior, sino que es una experiencia cumbre que se gesta en lo más profundo de nuestro ser, y que contiene interrogantes tales como "¿Quién soy?", "¿Hacia dónde voy?" y "¿Cuál es mi misión en la vida?", entre otras preguntas insoslayables.

En estas preguntas está la esencia misma de la vida, la razón de nuestros estados de ánimo y la necesidad imperiosa de poner luz a nuestros sentimientos, para elegir el mejor sendero para nuestra realización personal.

Cada día que dejamos pasar es un día que perdemos para nuestra recuperación espiritual, que dejamos de vivir con dignidad y respeto, que son la esencia misma del concepto de autoestima.

Estar cómodos en la vida y nutrirnos del buen concepto en que los demás nos tienen no son sinónimos de una buena autoestima.

Confiar en nuestros propios procesos de pensamiento y en nuestro criterio nos llevará a triunfar verdaderamente. Con una alta autoestima, las dificultades son tomadas como obstáculos que necesariamente venceremos, y no como castigos que nos son impuestos por ser indignos.

Si logramos respetarnos y somos capaces de exigir a los demás que también nos traten con respeto, estaremos jerarquizando la importancia de establecer límites a nuestras relaciones humanas. Por el contrario, si no nos respetamos y aceptamos los abusos y la explotación como hechos naturales, estaremos transmitiendo esta triste imagen y permitiendo que otros hagan lo mismo con nosotros.

La buena autoestima no sólo nos permite sentirnos mejor, sino que también nos habilita a vivir mejor, captando con mayor rapidez cuáles son los desafíos y las oportunidades a los que nos enfrentamos, permitiéndonos abordarlos de una manera adecuada.

Consecuencias de una alta o baja autoestima

Si analizamos las distintas áreas en que nos manejamos cotidianamente, podremos apreciar las profundas consecuencias que el nivel de autoestima tiene en cada aspecto de nuestra existencia. Sea en el ámbito de nuestras relaciones afectivas o en el de nuestras relaciones laborales, experimentaremos correlaciones positivas entre una autoestima saludable y nuestra capacidad para conseguir lo que nos proponemos, acercándonos de esa manera al bienestar.

Estamos acostumbrados a proyectar la responsabilidad de nuestros fracasos sobre quienes nos rodean, buscando culpables para salir indemnes de un análisis imparcial, que podría arrojar un resultado negativo para nuestros intereses. Nos olvidamos con facilidad de que tener una baja autoestima no nos permite ver la realidad tal cual ella es, y por lo tanto nuestra falta de flexibilidad y el miedo a lo nuevo y desconocido incrementan nuestras posibilidades de fracasar.

Pero, en todo caso, la responsabilidad es nuestra y está sustentada en una seria dificultad para construir una autoestima saludable. Muchas cosas pueden haber sucedido desde nuestros primeros años de vida que hayan modelado una determinada manera de ser, y que en la actualidad se han transformado en esas dificultades para tomar el control de nuestros actos y ser los artífices de las cosas que queremos que nos sucedan.

Tampoco debemos escudarnos en lo ocurrido durante los años en que se forja nuestra personalidad, aunque puede haberse tratado de sucesos de gran impacto sobre nosotros, tales como mensajes de incapacidad o de torpeza. Hoy, como seres humanos adultos, tenemos una responsabilidad intransferible, que es revertir esos conceptos que nos llevaron a la reticencia y al temor a actuar para evitar sufrir un fracaso.

Tener una autoestima saludable no significa que no podamos equivocarnos o fracasar en el intento por cumplir nuestros sueños e ilusiones. Lo que una buena autoestima va a hacer es ayudarnos a reponernos más rápidamente frente a la adversidad, basados en la confianza en nosotros mismos y el respeto a nuestra persona.

SER SIEMPRE DIGNOS A NUESTROS PROPIOS OJOS ES UN MANDATO QUE DEBEMOS CUMPLIR A DIARIO. No significa que seamos complacientes y que no hagamos los máximos esfuerzos por corregir nuestros defectos, pero debemos hacer el ejercicio de estimular los muchos aspectos positivos que todos poseemos, para así obtener una mente creativa.

Esta mente creativa nos permitirá ver el futuro en su real dimensión: ni visiones apocalípticas que nos estén augurando un derrumbe estrepitoso de todas nuestras ilusiones ni un jardín encantado donde todos nuestros deseos van a verse complacidos.

Una concepción equilibrada de la Existencia, basada en una apreciación justa de nuestras reales posibilidades, alimenta una sana autoestima, que será soporte fundamental para establecer una estrategia que nos ayude a superar los tiempos difíciles por los que quizás estemos atravesando.

Metas exigentes y dignas se correlacionan de manera directa con una autoestima elevada y contribuyen en buena medida a alimentar este concepto, mientras que una autoestima baja se orienta hacia lo supuestamente seguro, porque es conocido, eludiendo así la exigencia y el desafío personales.

La autoestima es un sinónimo de equipamiento para la

vida. Esto significa que, cuando nos encontremos en alguna situación conflictiva de las que necesariamente se nos presentarán tanto en nuestra vida privada como en nuestra vida laboral, tendremos respuestas rápidas, contundentes, que nos ayudarán a retomar nuestro camino con rapidez, dotándonos además de una mayor energía para volver a la lucha.

Los objetivos que nos tracemos a lo largo de la Existencia tendrán un alcance mayor en la medida en que estén sustentados en una autoestima firme, buscando vibrar tanto en el plano emocional como en el intelectual, aceptando desafíos que templen nuestras fuerzas, de una manera creativa y responsable.

Por el contrario, es muy poco lo que pueden esperar aquellas personas que no han logrado desarrollar su autoestima de una manera adecuada. Su falta de deseo de crecimiento y de consecución de logros mínimos que les hagan sentir por lo menos que están vivos les hace perder la perspectiva de que deben luchar para ocupar el lugar que merecen en el mundo.

La comunicación, indispensable para transmitir a los demás nuestras necesidades, se ve profundamente alterada cuando la autoestima no se ha desarrollado de manera adecuada, ya que en este caso no nos sentimos en condiciones de recibir la comprensión y el apoyo de nuestro entorno. En cambio, una buena autoestima nos inclina hacia una comunicación eficaz, sin autoritarismos, basada en la firme convicción de que sabemos lo que queremos y que estamos dispuestos a ganarnos nuestro espacio, sin violencia.

En mi experiencia clínica, el reflejo de las actitudes que tanto hombres como mujeres manifestamos a lo largo del tiempo nos indica que aquellas personas poseedoras de una autoestima saludable tienen una mejor disposición a buscar relaciones positivas, en lugar de relaciones conflictivas. La buena autoestima atrae a sus pares, del mismo modo que una autoestima deficiente orienta siempre a relaciones generalmente destinadas a culminar en un fracaso, con el dolor consiguiente y el cuestionamiento de rigor: ¿En qué me equivoqué?

La inseguridad —sin duda uno de los sentimientos que mayor ansiedad genera— hace que nos sintamos inclinados a establecer relaciones profundamente destructivas. No es bueno depositar en el otro la responsabilidad de nuestro bienestar. Por eso, antes de buscar el contacto con una persona, debemos tratar por todos los medios de hallar la paz interior, para poder dar lo mejor de nosotros mismos.

Sólo entonces seremos capaces de fusionarnos, expresando nuestros más genuinos sentimientos, con la seguridad necesaria para transitar por el camino de la confianza, la sinceridad y el afecto.

Hombres y mujeres luchamos continuamente para mejorar nuestro autoconcepto, en una experiencia de adentro hacia afuera que constituye una prueba por excelencia de hasta dónde somos capaces de mantener el diálogo interno y así poder llegar al centro mismo de nuestra persona.

La autoestima es un autoconcepto basado en lo que cada uno piensa y siente de sí mismo.

Esto descarta desde el vamos el valor de lo que el mundo pueda pensar de nosotros, pero nos obliga a ejercer la autenticidad y a no tener posturas ambivalentes, proyectando hacia afuera una imagen de solidez y éxito, mientras en nuestro fuero interno nos sentimos fracasados por no haber podido satisfacer nuestras necesidades, que no necesariamente se condicen con aquella imagen.

Una autoestima positiva: condición de un destino exitoso

Es un buen momento para reflexionar juntos, querido lector, y tomar conciencia de que nuestro destino nunca será exitoso si previamente no nos proponemos desarrollar una autoestima positiva.

Por supuesto que hay muchos estímulos provenientes del exterior que nos hacen sentirnos bien. La admiración, el aplauso, el bienestar económico, pueden transitoriamente, en situaciones específicas, hacernos sentir mejor con nuestra propia imagen, y aun más: pueden crear ciertas "zonas de comodidad" en nuestra vida.

Pero recordemos que sentirnos cómodos no implica necesariamente una buena autoestima, y es sobre este concepto que debemos trabajar con mucha fuerza. Sé que usted probablemente se estará preguntando, mientras lee esto: ¿Cómo se hace? ¿Por dónde tengo que empezar? ¿Por revisar la confianza que tengo en mí mismo o por evaluar el respeto que me merece mi propia persona?

Vea, le facilitaré algunos sonidos para que esta sinfonía sea agradable para el que la ejecuta y para quien la escucha. Partamos de que seguramente hay entre los lectores personas de distintas edades y, por lo tanto, distintas experiencias de vida. Por ende, la orientación tiene que ser válida para todos e involucrar los distintos perfiles que componen este mosaico de Humanidad al que van dirigidos estos conceptos.

Los orígenes de la autoimagen

En determinada etapa de la vida sentimos una creciente necesidad de investigar acerca de la opinión que tenemos sobre cómo nos conducimos cotidianamente. Bienvenida sea esa inquietud que nos vincula con la única fuente de donde surge nuestra estima personal.

Sólo usted posee la energía que le permitirá sentirse a gusto con su propia imagen. Si aún no ha podido experimentar esa agradable sensación de estar en equilibrio con usted mismo, ha llegado el momento de que se disponga a obtener ese beneficio, que se construye paso a paso.

Está en sus manos ir tras el cambio; tendrá que llegar a las profundidades para evaluar los orígenes de la imagen que hoy ostenta, y transitar por los caminos que lo llevarán a realzar sus propios valores.

Nuestra imagen no responde a un diseño de hoy, o de la semana pasada, o del mes anterior.

Nuestra imagen la hemos creado en el pasado.

De la misma manera en que hemos ido modelándola a lo largo de las distintas épocas de nuestra vida, podemos hoy, si media nuestra voluntad, reconsiderar nuestra imagen agregándole conceptos y criterios enriquecidos a la luz de nuestros pensamientos como seres adultos, en busca de la paz interior. Probablemente hemos vivido largo tiempo jerarquizando la aprobación de los demás, y hemos llegado a la conclusión de que esa misma aprobación debe ser dirigida hacia nosotros, quitándole a nuestro entorno el derecho de juzgar nuestros actos.

Se impone en este momento encontrar la forma de querernos y respetarnos como nos gustaría que lo hicieran quienes nos rodean.

Pregúntese "¿Cómo puedo reconocer mi valor personal?", y afirme una y otra vez que hoy usted intentará por todos los medios sentirse bien en su propia compañía.

Claro que, para lograr esta paz y este equilibrio de sentirnos bien con nosotros mismos, algunos de nosotros seguramente tendremos que recorrer un camino hasta llegar al verdadero encuentro con nuestros deseos y necesidades, que nos convierta en seres humanos auténticos y dispuestos a luchar por nuestro bienestar.

Construir una autoestima sana, o tener la necesidad de crecer en el encuentro con un juicio positivo sobre nuestra propia persona, no es una tarea fácil, pero se impone cada vez que sentimos que no somos dueños de nuestra propia verdad, y sí en cambio extremadamente permeables a la opinión y la verdad de los demás.

Veamos un ejemplo para comprobar el derrotero que debemos transitar, y de esa manera dejar de hacernos sabotajes internos que nos alejen de nuestros sueños e ilusiones. Represéntese por un instante la escena y la forma en que usted actuaría si alguien le solicitara que cumpla con una tarea que no suele hacer.

¿Cuál sería su primera reacción: aceptaría de buen grado enfrentarse a una situación desconocida o dudaría de su capacidad para hacerlo? Llevada esta idea ficticia a su propia realidad actual: ¿Hay algunas cosas con las que sueña, o algo trascendente que le gustaría hacer, pero que no está seguro de poder finalizarlo una vez que lo haya iniciado? ¿Es una constante en su vida comenzar proyectos y luego tener una dificultad notoria en culminarlos?

EL MOMENTO EN QUE BAJAMOS LOS BRAZOS Y NO SEGUIMOS LUCHANDO POR LOGRAR NUESTROS PROYECTOS ES EL MISMO MOMENTO EN QUE SE DESTRUYE EN MIL PEDAZOS LA CONFIANZA EN UNO MISMO. Es el mismo instante en que comenzamos a ser cada vez más desconocidos ante nuestros propios ojos, y perdemos estabilidad frente a las demandas de la vida.

Si nos dejamos llevar por el desánimo y la desesperanza hasta pensar que no somos capaces de hacer aquello que nos hemos propuesto, en realidad lo que estamos haciendo es otorgar un voto de desconfianza a nuestra mente y a sus procesos de pensamiento.

Recuerde, querido lector o lectora, que cuanto más confiemos en nuestro compromiso de esforzarnos para llevar a buen destino nuestros proyectos, más ganaremos en seguridad y aplomo para enfrentarnos a los desafíos de la vida cotidiana.

Y ganar esa seguridad y elevar nuestro nivel de confianza se traduce en una fuerza interior incontenible que nos ayuda a alejar los temores y no nos permitirá ceder ante el peso de las responsabilidades.

El camino del éxito está empedrado de fracasos

Cuando vemos o escuchamos historias sobre personas que son exitosas en los distintos aspectos de su vida personal, solemos pensar que son algo así como "elegidos", sin detenernos a analizar cuántas veces pueden o deben haber fracasado en sus intentos y cómo actuaron frente a los obstáculos que se les presentaron.

Esos seres humanos que llegan a encontrarse con sus metas y objetivos, ¿qué tienen que los demás no tenemos?, cabe preguntarse con cierta curiosidad; y la respuesta es sencilla: **CONFÍAN EN SU CAPACIDAD PARA AVANZAR A PESAR DE QUE "LOS VIENTOS SOPLEN EN SU CONTRA"**.

No siempre estos hombres y mujeres, de quienes debemos tomar el ejemplo, están seguros de cuáles argumentos deben usar para seguir adelante, ni siquiera de si están avanzando en la dirección correcta. Pero de algo sí están seguros, y es de que **NO DEBEN DETENERSE**.

No resulta sencillo construir un sentimiento genuino

de confianza en uno mismo sobre la base de que todos los emprendimientos que nos propongamos siempre van a salir bien y de acuerdo con nuestras expectativas. Más bien debemos trabajar sobre el concepto de que, a pesar de que no nos veamos bien, o de que los resultados no aparezcan con la rapidez que buscamos, aun así debemos seguir adelante en pos de lo que nos hemos propuesto.

En el libro *El lado profundo de la vida* menciono que el solo poder positivo del pensamiento o del lenguaje no es suficiente para hacer que las cosas sucedan. Lo importante a destacar es que es prácticamente imposible evitar equivocarnos en nuestro diario accionar, y que eso no puede obrar como impedimento para que sigamos adelante de todas maneras. Es imposible saber de antemano cómo han de resolverse las distintas situaciones por las que debemos atravesar diariamente. No podemos conocer todas las respuestas antes de haber vivido las circunstancias. Pero, si confiamos en nuestra perseverancia y en nuestra tenacidad, sin duda llegaremos hasta el final.

Escuela de la vida

Si usted está esperando llegar a ser un experto en tal o cual actividad de su vida, le sugiero que no pierda más tiempo y pase a la acción. En la quietud y la impotencia jamás podremos avanzar para obtener una mejor autoestima.

Si sólo hacemos aquellas cosas para las que nos consideramos buenos y nos quedamos a la espera de perfeccionarnos en aquellas que significan un salto a lo desconocido, no debe llamarnos la atención por qué nunca logramos salir del círculo de tedio.

Ciertamente, para tener una buena autoestima hay que

ponerse en movimiento ya, y quizá durante un tiempo usted haga las cosas mal —y me animaría a decirle que hasta *muy* mal—. Pero a partir del análisis de los errores y de la disposición a no transitar por los mismos caminos que nos llevaron al fracaso se abre la luz, y el horizonte adquiere una dimensión desconocida para aquel ser humano que ha comprendido que la búsqueda de uno mismo y el encuentro con nuestro Ser son piezas fundamentales de nuestra propia reingeniería.

Dialogando con distintas personas sobre sus aptitudes nos encontramos frecuentemente con situaciones inexplicables, que reflejan la poca confianza que los seres humanos tenemos en nosotros mismos.

"Tengo el documento que me habilita a conducir automóviles, pero no me animo a salir a la calle por lo que me dirán, o por lo que mi esposo o mis hijos van a decirme si me pasa algo", dice la señora X, que está esperando que la lleven y la traigan, obstinada en no lograr su independencia y confianza en sí misma.

Pero ¿cómo va a adquirir confianza en el manejo de un automóvil esta señora, si ni siquiera practica para aprenderse las dimensiones del vehículo?

Lo mismo sucede con hombres y mujeres de la edad media de la vida y su actitud frente a la computadora o a un equipo de música.

Le pregunto: ¿Qué le hace pensar que no puede manejar un auto, una computadora o un equipo de música? O, a la inversa: ¿Qué cualidades tan particulares cree que tienen las personas que circulan por las avenidas conduciendo vehículos, o aquellas que se las arreglan para hacer de la computadora una herramienta, o pueden gratificarse escuchando sus melodías preferidas en el moderno equipo de música?

¿Realmente cree que las habilidades de estas personas son tan diferentes de las suyas? ¿No será, más bien, que la visión devaluada que usted tiene de su persona le impide admitir que es tan capaz como cualquier otra criatura de la creación?

Comprendamos, pues, que estimular la confianza en nosotros mismos, uno de los pilares de la autoestima, puede ayudarnos significativamente en nuestro desempeño y en nuestro relacionamiento con los demás seres humanos.

Recuerde que la clave está en que el juicio fundamental es el que le merece su propia persona, con sus virtudes y sus lados oscuros o defectos, que deberá detectar para hacer el intento de corregirlos, pero que no deberá otorgarles a los demás el derecho a juzgar su capacidad o incapacidad para determinadas actividades. En otras palabras: es usted quien deberá hacerse cargo de las cosas que le pasan en la vida, y esto requiere de un adecuado crecimiento de su confianza.

La timidez y la introversión que caracterizan a algunos seres humanos les impiden tener un contacto fluido con las personas con las cuales se interrelacionan. Si usted se siente identificado o identificada con esto, respóndase esta pregunta: ¿Cómo va a adquirir confianza y a sentirse bien en medio de grupos humanos, si usted escapa a todo compromiso que signifique encontrarse con otras personas?

Quedándose dentro de su casa, en la supuesta seguridad de lo conocido, no logrará erradicar estos aspectos que usted siente que perturban su desenvolvimiento social.

No podemos esperar transformaciones heroicas y mágicas que nos den la fuerza necesaria para cambiar de actitud, de trabajo o nuestra propia visión del mundo, y para obtener lo que anhelamos, y que hoy nos sentimos incapaces de alcanzar.

Nada llega solo y sin esfuerzo

¿Cuánto tiempo hace que está esperando que algo especial suceda en su vida? Tal vez se imagina que una noche se acostará de una determinada manera y al despertar a la mañana siguiente su mundo se habrá transformado para su propio beneficio. En realidad sabe que eso no ha de suceder, y la pregunta que lo acosa desde lo más profundo de su ser es si no habrá esperado ya demasiado tiempo.

CUANTO MÁS POSPONGAMOS LA NECESIDAD DE IR TRAS NUESTROS PROYECTOS, MENOS CONFIANZA HEMOS DE TENER, Y MÁS PROFUNDOS SERÁN NUESTROS SENTIMIENTOS DE INCAPACIDAD Y TEMOR A NO LOGRAR NUNCA AQUELLO A LO QUE ASPIRAMOS.

Así es como, cuanto más aplazamos las cosas que verdaderamente queremos hacer, sea en el ámbito que fuere, más paralizados nos sentimos. El pánico contribuye a esta desagradable sensación y la confianza en nosotros mismos se hace añicos.

Otra consecuencia no deseada de aplazar las cosas es que también postergamos indefinidamente la sensación de confianza y bienestar tan necesaria para lograr nuestros objetivos. Si esperamos a que todo en nuestra vida esté en perfecto orden, va a ser extremadamente difícil que creamos en nuestra capacidad de ser los responsables de nuestro equilibrio interno.

Esto, en otras palabras, significa que sólo podemos lograr nuestra paz interior cuando cumplimos ciertos requisitos. Y esto no quiere decir que esté mal sentirse realizado con la obtención de determinados logros, tales como tener una apariencia estética o una vida afectiva satisfactoria, o vivir libre de problemas económicos, etcétera.

La autoestima se nutre también del éxito y del reconocimiento de los demás. No obstante, si siempre postergamos el sentirnos bien con nosotros mismos hasta después de que logremos determinadas cosas, en realidad nos estamos haciendo un muy magro favor.

Dicho de otro modo: "En realidad quiero sentirme bien con mi propia imagen cuando alcance todo lo que me he propuesto; mientras tanto no lo consiga, seré durísimo conmigo y no me permitiré jamás sentirme bien". Obviamente, por frecuente que esta situación sea en la vida cotidiana, no por eso es lo saludable.

¡Obsérvese! Vea si en estas conductas no ve reflejada alguna de sus actitudes cotidianas. Si es así, desde ya debe intentar cambiar de ruta, porque le aseguro que ése no es el camino para entender lo que es la verdadera autoestima.

La autoexigencia, en tanto es vivida como un medio para lograr cumplir lo que nos proponemos, opera indudablemente a nuestro favor pero, cuando nos persigue como una sombra, poniéndonos obstáculos cuando ya creemos que estamos por llegar a la meta y obligándonos a postergar infinitamente la necesaria sensación de bienestar con nosotros mismos, entonces se convierte en el juez supremo de nuestra conducta, con la particularidad de que siempre falla en contra de nosotros.

Autoexigencia sí; benevolencia también

Imaginemos por un instante que le prometemos a ese "niño" que todos llevamos en nuestro interior una recompensa si se comporta bien o realiza determinadas tareas. Ese niño se esmera por cumplir escrupulosamente con todo lo que se le ha pedido, para obtener su premio, pero en el preciso instante en que va a lograrlo le encomendamos otra serie más de tareas.

Usted estará de acuerdo conmigo en que, de hacer esto, lo habríamos engañado. Y hasta se sentirá indignado. Sin embargo éste es el juego oculto que permanentemente nos hacemos a nosotros mismos. Vivimos postergándonos hasta que seamos perfectos para tener derecho a una buena autoestima. Y ése no es el camino. Autoexigencia sí, pero benevolencia también.

No podemos, con la excusa de que primero han de cumplirse ciertas condiciones, aplazar indefinidamente la satisfacción a nuestra necesidad de sentirnos bien y de tener un juicio positivo respecto de nuestra persona.

Si examinamos con objetividad nuestra conducta, podremos apreciar que en el fondo somos sumamente injustos con las condiciones que nos imponemos para alcanzar un buen concepto de nosotros mismos. Es importante descubrir cuáles son las vías por las cuales evitamos siempre encontrarnos con el juicio positivo que nos debe merecer nuestro Ser interno.

¿Cuáles son los requisitos, muchas veces invisibles e intangibles, que necesita satisfacer para sentirse seguro e incrementar así la confianza en usted mismo? Ahora demos el siguiente paso: con honestidad, ¿realmente cree que una vez cumplidos esos requisitos será capaz de admitir que se siente bien, o en ese preciso instante se dará cuenta de que todavía no es suficiente, y enfocará la mirada en otro grupo de tareas autoencomendadas?

Test de autopostergación

Escribir tiene un contenido terapéutico que debemos aprender a utilizar en nuestro beneficio, por eso le sugiero que tome un lápiz o un bolígrafo y conteste las siguientes preguntas, para que usted mismo pueda observar cómo se posterga una y otra vez a lo largo de su existencia.

Es importante que llene los espacios en blanco con lo primero que aparezca en su mente; por lo usual, las respuestas que surgen espontáneamente son reflejo de su verdad:

Lograré tener una buena autoestima cuando................
....

Lograré tener una buena autoestima cuando................
....

Lograré tener una buena autoestima cuando................
....

Lograré tener una buena autoestima cuando................
....

Al realizar este ejercicio usted apreciará con sorpresa las distintas formas a través de las cuales aún en forma inconsciente los seres humanos nos privamos del bienestar, y postergamos indefinidamente el sentido del valor personal. Seguramente al leer sus propias respuestas, se ha desatado en su interior una imperiosa necesidad de cambio. Pues ya entonces veamos lo que tenemos al día de hoy y que puede ser soporte de una buena autoestima. Tome nuevamente el lápiz o el bolígrafo y dispóngase a completar la siguiente oración:

Tengo derecho a una buena autoestima porque ....
....
Tengo derecho a una buena autoestima porque ....
....
Tengo derecho a una buena autoestima porque ....
....
Tengo derecho a una buena autoestima porque ....
....

Reconozcamos que encontrar contenido para esta afirmación es mucho más gratificante que postergar indefinidamente el encuentro con lo bueno que hay en cada uno de nosotros, a la espera de una perfección que nunca llegará.

Es aquí y ahora donde y cuando merecemos sentirnos bien, y, respetando nuestra manera de ser, otorgarnos la fuerza que nos impulse a dar los pasos necesarios hacia nuestro crecimiento y nuestra realización personal.

El primero de la lista

Si en este mismo instante le sugiriera que confeccione una lista por orden de importancia con los nombres de aquellas personas relevantes en su vida, sinceramente, ¿se incluiría usted en la lista? Y si fuera así, ¿en qué lugar se pondría?

Todos deseamos ser tenidos en cuenta en la lista de las personas que tienen cierta significación en nuestras vidas, y esa responsabilidad se la transferimos a los demás, a la vez que sentimos la necesidad de que ellos nos incluyan en el primer lugar de su propia escala.

Nos provoca cierto desasosiego querer ocupar el primer lugar en nuestra propia lista. Sin embargo, si esto responde a un genuino sentimiento de autoestima, no es otra cosa que un índice de nuestro reconocimiento a nuestro verdadero Ser interior.

Esto no significa que minimicemos la importancia de otras personas en nuestra vida. Por el contrario, contribuye a enriquecer la concepción que tenemos de nuestro entorno y evita que necesitemos de la aprobación de los demás para reconocer nuestro valor individual.

La autoestima comienza a construirse ya en las primeras etapas de la vida; así, los niños buscan la aprobación y la seguridad a través del amor y los cuidados de las figuras más relevantes de sus vidas, que son sus padres. Cuando el niño se siente querido y contenido, sonríe y es feliz. A medida que el niño crece se incorporan otras figuras importantes en su mundo, como los amigos, los maestros, y se amplía el espectro en la búsqueda de la aprobación.

Unos años antes de la adolescencia, comienza a considerar su relación con todos los miembros de su familia. Durante un largo tiempo, cree todo lo que los adultos dicen. No está aún en condiciones de discernir lo que está bien de lo que está mal. Cuando el niño es rehén de los conflictos que se desarrollan entre sus mayores, genera en sí un sentimiento de culpa que considera un hecho real, convirtiéndolo en parte de la imagen que tiene de sí mismo.

Si estos conflictos no son resueltos en esta etapa, los recuerdos van a seguir produciendo una autoestima negativa, incluso hasta llegar a la edad adulta.

En la actualidad tenemos la certeza de que una pobre autoestima es una de las razones de múltiples fracasos en el área de la formación personal, así como de falta de motivación y de metas en la vida, uso y abuso del consumo de alcohol y drogas, y conductas violentas en las relaciones interpersonales.

La imagen que tenemos de nosotros mismos proviene del centro mismo de nuestra persona.
Siempre es un desafío interpretar su mensaje.

❖ ❖ ❖

Diez secretos para tratar de vivir mejor…

1. LA ACTITUD:
La felicidad es una elección que puedo hacer en cualquier momento y en cualquier lugar.
Mis pensamientos son los que me hacen sentir feliz o desgraciado, no mis circunstancias.
Sé capaz de cambiarte a ti mismo, y el mundo cambiará contigo…
Recuerda que lo único que puedes controlar en el mundo son tus pensamientos…
Aunque, cuando uno está verdaderamente enamorado, hay razones del corazón que la razón desconoce y se niega a aceptar.

2. EL CUERPO:
Mis sentimientos son influenciados por mi postura.
"Nada como una sonrisa…": Una postura adecuada genera una disposición feliz.
Es importante también que hagas ejercicio: éste nos libera del estrés y genera la secreción de endorfinas, que hacen que nos sintamos bien.
Mira siempre hacia arriba y sólo podrás reír, pues no conozco a nadie que haya podido llorar en esa postura.

3. EL MOMENTO:

La felicidad no está en los años, meses, en las semanas, ni siquiera en los días.

Sólo se la puede encontrar en cada momento: "Hoy es el mañana del ayer".

Además, la vida siempre tiene derecho a sorprendernos, así que aprende a vivir el presente sin ninguno de los traumas del pasado, ni las expectativas del futuro.

Recuerda que la Felicidad no es una meta, sino un trayecto.

Disfruta de cada momento como si en él se combinaran tu pasado, tu presente y tu futuro.

4. NUESTRA PROPIA IMAGEN:

Debo aprender a amarme a mí mismo como soy. Creer en ti mismo da resultados.

Sólo al querernos podemos abrir el corazón a que nos quieran.

Cuanto más te conozcas, en mayor medida podrás darte a los demás.

El camino más difícil es el camino interior, y al menos una vez en la vida debemos recorrerlo.

5. LAS METAS:

¿Sabes cuál es la diferencia entre un sueño y una meta? Una meta es un sueño con una fecha concreta para convertirse en realidad.

Un sueño es sólo un sueño, algo que está fuera de la realidad... Así que atrévete a soñar, ¡pero atrévete también a esforzarte por lograr que esos sueños se hagan realidad!

"Apunta hacia la Luna, pues, aunque te equivoques, irás a parar a las estrellas..."
Y cuando te pongas una meta difícil o creas que tienes un sueño imposible, recuerda que el éxito es sólo la recompensa, lo que vale es el esfuerzo.

6. EL HUMOR:

La sonrisa es muy importante para mejorar la autoestima. Cuando sonreímos, aunque no sintamos nada, nuestro cerebro lo entiende como una señal de que todo va bien y manda un mensaje al Sistema Nervioso Central para que libere una sustancia llamada beta-endorfina, que da a la mente una respuesta positiva. Dicen que una sonrisa cuesta menos que la electricidad, pero que da más luz...
Además, con cada sonrisa que le das a alguien o a ti mismo siembras una semilla de esperanza.

7. LAS RELACIONES:

La sinergia es unir fuerzas y caminar juntos para conseguir cosas...
Siempre que dos o más personas se unen con espíritu de colaboración y respeto, la sinergia, basada en la comunicación y empatía, se manifiesta naturalmente.
Trata de entender a las personas que te rodean, quiere a tus amigos como son sin intentar cambiarlos, porque cuando te sientas mal el verdadero amigo, sin importar cómo sea, estará allí para apoyarte y brindarte todo su amor.
Así que cultiva tus amistades, pues ellas no son gratis. La amistad, al igual que la mayoría de los sentimien-

tos, debe fluir de manera natural, debe alimentarse a través de detalles. Por eso la verdadera amistad no puede basarse en condiciones, intereses ni requisitos.

8. EL PERDÓN:

Mientras mantengas odios y resentimientos en tu corazón es imposible que seas feliz.
Lo maravilloso del perdón no es que libera al otro de su eventual culpa... sino que te libera a ti de un sufrimiento para el alma. La vida es muy bella como para mantener sentimientos negativos en nuestro camino...

9. DAR:

Uno de los verdaderos secretos para ser feliz es aprender a dar sin esperar nada a cambio.
Las leyes de la energía y la justicia te devolverán con creces lo que des.
Si das odio, recibirás odio tarde o temprano, pero si das amor, recibirás multiplicado ese amor. Quien ama de verdad da todo de sí por hacer feliz a su amado.
Sólo el que aprende a dar desinteresadamente está en camino de descubrir la verdadera felicidad.

10. LA FE:

La Fe crea confianza, nos da paz mental y libera el alma de sus dudas, preocupaciones, ansiedad y miedos. ¡Ten fe y esperanza en que D'os siempre está para quienes lo buscan!
Dicen que el hombre llega a ser sabio cuando aprende a reírse de sí mismo.

Así que ríe, ríe alegremente... y el mundo reirá contigo. Si pudiéramos practicar tan sólo uno de estos secretos al día, ¡quizá no tardaríamos mucho en acercarnos a la felicidad!

TODOS, Y CADA UNO DE NOSOTROS MERECE SER PLENAMENTE FELIZ.

AUTOR ANÓNIMO

Capítulo 5
Las fuentes naturales de la autoestima

Ahora es tiempo de renovarse, de esperanzas nuevas. Es posible ir hacia la luz. Es posible ir hacia una nueva primavera llena de luz, de horizontes nuevos. ¡Levántate y elévate!

PHIL BOSMANS

Nuestro aspecto físico y la imagen con que nos presentamos al mundo exterior son algunos de los parámetros mediante los cuales somos juzgados en primera instancia por los demás.

Esa primera impresión es la que es utilizada para acceder a nuestros valores como seres humanos. Y así todos se sienten con derecho a emitir juicios sobre cómo nos vestimos o nos peinamos, y si nos preocupamos por mantener un buen estado físico.

Las personas con baja autoestima necesitan de estos dictámenes para sentirse seguros, por lo que viven en la búsqueda constante de la aprobación de quienes los rodean y comparten su vida cotidiana. Es tanto el tiempo que invierten en atender las demandas ajenas que se olvidan de que las fuentes naturales de la autoestima deben buscarlas en su interior.

A lo largo de nuestro desarrollo como seres vivos comprendemos gradualmente la importancia que tienen el juicio que nos merece nuestra persona, la manera como nos vemos a diario y la capacidad que creemos tener para cumplir nuestras expectativas respecto del futuro.

Esto cobra tal significación que la aprobación de nuestra manera de ser y estar en la vida surge sólo del centro mismo de nuestra persona, y es infinitamente más trascendente que aquella proyectada por la opinión y los pensamientos ajenos.

Uno de los conceptos básicos que debemos incorporar es que la autoestima positiva se asienta fundamentalmente en aceptarnos y comprendernos tal como somos, como primer paso hacia una posible transformación de nuestra visión del mundo.

Difícilmente podemos estar en sintonía con las experiencias que tenemos que vivir, si tenemos dificultades para sentirnos bien con nuestra propia persona.

Es usual que la autoestima negativa tenga sus raíces en vivencias desafortunadas o dolorosas de nuestro pasado. Si logramos descubrir que ésta es por lo menos una de las causas de nuestras dificultades actuales, será necesario trabajar para que los pensamientos nuevos puedan ir sustituyendo a los ya vividos, evitando de esa manera que incidan en el resultado de nuestras decisiones.

Aproximarse a las fuentes naturales de nuestra autoestima es un proceso. De la misma manera en que hemos construido una imagen con la cual nos manejamos a diario, también podemos revisar ésta, haciendo el intento de ir adoptando lentamente, pero con seguridad, una que sea más positiva. Recuerde, querido lector o lectora, que somos personas en quienes vale la pena confiar.

Programar un encuentro y tomar un café con uno mismo puede sentar las bases del compromiso de mejorar nuestra autoestima y comenzar a apreciar desde ahora los cambios que se darán a medida que la motivación y nuestras metas templen nuestra energía.

Cómo se desarrolla la autoestima

Concurre un número elevado de circunstancias para construir una determinada manera de vernos y sentirnos, en nuestro desarrollo como seres humanos pensantes. Sin embargo, hay dos perspectivas que apuntan directo al desarrollo de la autoestima. Una está íntimamente vinculada a nuestra historia personal y la otra es la interpretación que hacemos de esas vivencias.

Cada uno de nosotros podría relatar su experiencia, de acuerdo a cómo fueron su infancia, su adolescencia y su desarrollo hasta el día de hoy. Esto colorea nuestra vida con un abanico de matices que van desde los tonos más fuertes hasta aquellos más tenues, que se pierden en la inmensidad de nuestro recuerdo. Pero estas circunstancias por todos vividas son el soporte fundamental hoy de nuestras actitudes y de nuestro sistema de creencias.

Debemos ser extremadamente cuidadosos de no caer en el error de evaluarnos comparándonos con quienes nos rodean: familiares, amigos, compañeros de trabajo o de estudio. Si por diversos motivos —que tenemos que descubrir— fuimos construyendo una imagen negativa de nosotros mismos, eso sin duda ha afectado todos nuestros proyectos, unido a un duro golpe a nuestra imagen y a todo lo que nos pudimos haber propuesto realizar.

Sentirse menos que el resto de las personas que comparten nuestra vida es como tener delante de los ojos un pesado cortinado que no sólo oscurece todo lo que apreciamos, sino que impide nuestro crecimiento personal, incidiendo profundamente en nuestra conducta y entorpeciendo las relaciones con nuestros semejantes.

Las primeras impresiones de cuando comenzamos a tener contacto con el mundo con frecuencia permanecen en nuestro recuerdo durante muchos años. Distintas circunstancias hacen que vivamos de una determinada manera que no está en consonancia con lo que realmente deseamos.

Si por algún motivo nos han enseñado a reprimir nuestros sentimientos, al pasar el tiempo perdemos contacto con éstos, y podemos convertirnos en seres emocionalmente fríos y distantes. Pero la realidad nos indica que aquello que en verdad sentimos permanece en nuestro interior, y periódicamente sale a la superficie enmascarado como una depresión o somatizaciones diversas que afectan el normal funcionamiento de nuestro cuerpo físico.

Por lo tanto, aprender a manifestar aquello que es genuina expresión de nuestros sentimientos es una manera muy práctica y positiva de acercarnos a las fuentes naturales de nuestra autoestima. Con esta actitud estaremos dando un paso importante hacia el desarrollo positivo de aquélla.

En las primeras etapas de nuestro deambular por la vida cosechamos diversas experiencias que van moldeando el juicio que nos merece nuestra propia persona. Y así llegamos a la edad adulta con un determinado esquema de nosotros mismos y del mundo en el cual estamos involucrados.

Sea cual fuere nuestro pasado, una vez que llegamos a esta etapa necesariamente debemos revisar nuestro sentir, pues ya a esta altura de los acontecimientos somos plenos responsables de aquello que nos pasa y de aquello que no permitimos que nos suceda.

En este nivel ningún hecho, por importante que haya

sido, ni la influencia de persona alguna puede incidir trascendentemente en la modelación de nuestra autoestima. **La forma en que interpretamos nuestra historia personal determina nuestra manera de ser y estar en el mundo hoy.**

Viaje a las profundidades del ser

Sin duda es el momento de examinar en profundidad cómo nos sentimos y de llegar hasta los lugares más recónditos de nuestro Ser, en el afán de encontrarnos con ese equilibrio tan necesario para enfrentar eficazmente los desafíos básicos de nuestra Existencia.

Todo viaje tiene un punto de partida y un punto de llegada. En el trayecto atravesamos por distintas estaciones que nos van aproximando a nuestro destino. Para mejorar nuestra autoestima debemos recurrir a sus fuentes naturales y examinar cuatro áreas fundamentales que nos ayudarán en este intento de crecimiento personal.

Área 1: determinar nuestras necesidades

Para determinar nuestras necesidades es necesario que pongamos en práctica la **AUTOACEPTACIÓN**, entendiendo por tal el abandono de una actitud de enfrentamiento con nosotros mismos. Aceptarnos tal cual somos es el primer paso para promover cambios en nuestra vida, a punto de partida del reconocimiento de aquellas cosas que sentimos imprescindibles como agentes de esta transformación que se está gestando en nosotros.

Recordemos que aceptar no significa estar de acuerdo con todo lo que hacemos y sentimos. Es sin duda una forma de poner en orden nuestra casa interna, permitiéndonos visualizar con mayor claridad los cambios necesarios para desarrollar nuestra autoestima.

Si aun a pesar de la aceptación de nuestra realidad y de cómo somos, persisten dudas acerca de cuáles son las áreas más conflictivas de nuestro diario vivir, escribir esas preguntas fundamentales que todo ser humano se hace respecto a su futuro puede ser de gran ayuda para esclarecer este comienzo, que debe ser firme y sin dubitaciones.

- ¿Qué cosas quiero que me pasen?
- ¿Qué cosas quiero que no me pasen?
- ¿Qué precio estoy dispuesto a pagar por aquellas cosas que quiero que me pasen?
- ¿Qué cosas necesito para sentirme en paz conmigo mismo?

Son en realidad pocas preguntas, pero con un contenido muy profundo que, de poder contestarlas adecuadamente, nos estarán señalando un camino de esperanza que nos permitirá manifestar los mejores aspectos de nuestra personalidad.

Lo importante en esta área es no sólo encontrar cuáles son los cambios que debemos realizar sino también la motivación necesaria para llevarlos a cabo. El encuentro con nuestro equilibrio y con nuestra paz interior habitualmente opera como motivador poderoso a la hora de formalizar un diálogo con nosotros mismos.

Recordemos que encontrarnos con el lado profundo de la vida tiene como objetivo analizar a fondo nuestras crisis personales y manifestar necesidades desconocidas hasta el momento en que realizamos este ejercicio de comunicación interior. No debemos quedarnos sólo en la intención del cambio, sino que ésta debe estar acompañada de una decisión al respecto, y seguida posteriormente del elemento clave, que es la acción.

ÁREA 2: SATISFACER NUESTRAS EXPECTATIVAS

Al llegar a esta segunda área ya tenemos identificados los problemas más significativos y, paralelamente, los cambios que haremos con el objetivo de desarrollar nuestra autoestima y poner en práctica la acción que internamente nos estamos demandando.

Cuando uno tiene una pieza dental enferma, el mensaje del conflicto nos llega a través de una manifestación dolorosa. Este dolor nos hace sentir enojados, irritables, y logra desequilibrarnos hasta que finalmente promovemos la consulta con el profesional que ha de solucionar la situación.

Si trasladamos este ejemplo a los sentimientos negativos y a la baja autoestima, nos encontramos ante una parte de nuestra personalidad necesitada de cambios a corto plazo. Preguntémonos: ¿Cuál es el beneficio de tener sentimientos negativos respecto de nuestra propia imagen? Es muy probable que aunque usted se tome el tiempo necesario para responder a esta pregunta, finalmente no pueda hallar ni siquiera un aspecto que refleje la ventaja de manejar este tipo de sentimientos. Descontamos entonces que la mejor solución es desprenderse lo antes posible de esta forma de juzgarnos.

Una vez que hemos identificado dónde están los problemas, quedan dos tramos importantes en el camino del cambio.

Uno es tomar la decisión de que no queremos seguir viviendo de esta manera, y el otro es dar pasos concretos que nos devuelvan la imagen de que el cambio está en marcha.

Área 3: ser benevolentes con nuestro pasado

La autoaceptación y el vivir en consonancia con nuestra realidad, esto es, aceptar aquellas cosas que nos pasan tal como ellas son, sin emitir un juicio de valor al respecto, son aspectos cruciales en este proceso de cambio que estamos llevando a cabo. Cuando miramos hacia atrás tenemos la posibilidad real de analizar qué cosas han funcionado adecuadamente en nuestra vida, y cuáles deberíamos mejorar.

Es posible que en este punto podamos evaluar que nuestro temor al cambio es mayor que el proceso de cambio en sí mismo, y que cuidadosamente debemos superar ese temor para que no opere en nuestra contra. Es importante gratificarse por los logros alcanzados, aunque éstos no sean demasiado significativos en el contexto general. Reconocer nuestros pequeños éxitos es una buena señal de que nuestra autoestima está siendo genuina, y que está reflejando sus verdaderas fuentes naturales.

Si tiene un calendario a mano, sería bueno que señale con un círculo el día en que comenzó a instrumentar los cambios que lo llevarán a convertirse en una nueva persona, con proyectos reales, basados en una confianza genuina en sus propios procesos de pensamiento, y respetuoso de sí mismo, que permitirá que los demás aprecien su esfuerzo por modelar una nueva forma de vivir.

Así como debemos ejercer la autocrítica en lo relativo a los errores y fracasos a que nos vemos expuestos en el camino de la vida, también debemos acostumbrarnos a felicitarnos por los éxitos que obtenemos como fruto de nuestro esfuerzo genuino por superar las dificultades y a hacer de la gratificación un ejercicio que no nos genere culpas, sino que destaque el derecho a sentirnos bien con nuestras decisiones, cuando éstas son acertadas.

ÁREA 4: EVALUAR EL PASADO CON OBJETIVIDAD
A medida que comprendemos que el concepto de autoestima no depende del juicio o la actitud de los demás con respecto a nosotros, también comenzamos a tomar distancia de la necesidad de encontrar aprobación para cada acto de nuestra vida cotidiana.

No significa esto que debamos vivir en contra de lo que los demás piensan y sienten, sino que es nuestro deber y nuestro derecho jerarquizar lo que nosotros pensamos y sentimos respecto de los distintos tópicos de la vida interactiva que los seres humanos llevamos en el marco de la sociedad.

Por eso a partir de ahora debemos enfocar nuestros esfuerzos en definir las pautas y los modelos o paradigmas que han de ser nuestro norte de aquí en más. Esto trae implícito también que si somos nosotros los que decidimos lo que queremos que nos suceda, también seremos nosotros quienes evaluaremos nuestras actuaciones.

Cada vez que miramos a los ojos de quienes nos rodean buscando la aprobación de lo que hacemos damos un paso atrás en nuestra autovaloración. Tengamos la valentía de confiar en nuestras decisiones, en nuestros pensamientos y en nuestros sentimientos. El reconocimiento interior fruto de nuestro esquema de valores y de nuestra concepción moral y ética nos ha de deparar mayores y más duraderas recompensas que esperar el aplauso de los demás.

Los juncos no se quiebran

Percibo que usted se encuentra ahora en mejores condiciones para experimentar el estimulante sentimiento de saber que tiene el poder para cambiar. Y fíjese qué interesante: **CUANDO UNO PUEDE CAMBIAR EN UN ÁREA DETERMINADA DE SU VIDA, TAMBIÉN CON PERSEVERANCIA Y BUENA DISPOSICIÓN PUEDE HACERLO EN OTRAS.** ¿Sabe lo que es eso? Se llama perder la rigidez y adquirir la flexibilidad necesaria para poder dominar nuestra propia existencia.

¿Vale la pena o no hacer el intento?

La respuesta es suya. ¿Que me respondería? Me atrevo a creer que usted se está dando cuenta de que vale la pena. Adelante, aquí está mi mano, pronta para ayudarlo a cruzar el puente que une la vieja historia de su vida con un futuro multicolor que usted, cual arquitecto de su propio destino, podrá diseñar. No deje pasar la oportunidad. Es hoy, no mañana.

Y es en esta transición que podemos preguntarnos: ¿Qué deberíamos hacer para, en primer lugar, crear la autoestima, y luego, para evitar perderla? ¿Cuál es nuestra responsabilidad ahora, como jóvenes o adultos que nos preciamos de ser independientes y capaces de autodeterminar nuestra vida?

De la misma forma en que, a medida que crecemos, cambian nuestra manera de ver el mundo y nuestra escala de valores, también nuestra propia imagen varía con el paso del tiempo. Lo que sucede es que no resulta fácil aceptar esas modificaciones. La razón fundamental de esto es que lo antiguo nos resulta familiar y por lo tanto más cómodo.

Entre un sinnúmero de razones por las cuales nos cuesta tanto aceptar estas variaciones hay dos relevantes:

- temor al fracaso y
- miedo a lo que no conocemos aún.

Pensemos por un instante en lo que vivimos cada mañana, cuando nos disponemos a transcurrir por un día más de vida y de nuestro trabajo cotidiano. Sin duda, a diario nos enfrentamos con situaciones desconocidas y que nos exponen a la posibilidad de fracasar en el intento por sortear las naturales dificultades que nos presenta la excitante tarea de vivir.

El riesgo forma parte de las experiencias de cambio. El riesgo no es la natural aprensión a que no nos vaya bien en nuestros proyectos; se trata también de ese instante en que logramos dejar nuestras viejas costumbres y nos abrimos a lo nuevo.

A medida que vamos acrecentando la confianza en nosotros mismos percibiremos que estamos en el camino correcto para el cambio. Arriesgarse no es fácil, pero piense: puede ser peor no arriesgarse por temor a perder o a fracasar. ¿Cómo comprobamos esto?: cuando pasa el tiempo y sentimos que no nos hemos movido del mismo lugar donde estábamos.

Ejercitarnos en nuevos roles exige de nuestra parte un aprendizaje que refleje nuestro deseo de romper con las cadenas que nos atan a un pasado que ha demostrado ser adverso a nuestros intereses.

Atendamos pues a:

- Aprobarnos a nosotros mismos, sin sentirnos culpables.
- Comprender que ser una buena persona no depende exclusivamente de hacer cosas para que los demás se sientan bien.

- Los sentimientos y la razón son dos pilares sobre los que se apoya la confianza en uno mismo: aceptémoslos con benevolencia.
- Hagamos el intento de disfrutar de nuestra propia compañía, dedicando un tiempo para nosotros, aun cuando tengamos una agenda llena de obligaciones.
- De nuestro pasado, vamos a esforzarnos por aprender, pero quitémosle el poder de limitar nuestra visión de futuro.
- Aun a riesgo de fracasar, sigamos la luz del alma; ella no nos permitirá caer en la oscuridad de la mediocridad, del estilo de vida de los que no están dispuestos a hacer el mínimo esfuerzo por vivir mejor.

El miedo a la soledad

En el corazón mismo de los cambios hay un implícito temor a quedarnos solos. Es interesante cómo el concepto de soledad adquiere ribetes distintos según cómo se perciba esta manera de estar en el mundo.

Para algunas personas el estar solos es una elección que requiere de una fuerte personalidad y de una buena dosis de coraje. No perdamos de vista que la compañía no es un regalo que la vida nos hace para siempre. Por distintas circunstancias, todos podemos vernos de un momento a otro a solas con nosotros mismos, sin haberlo elegido así.

Hay varias maneras de encarar la vida, y una de ellas es prepararse cuidadosamente para cuando llegue ese momento de la soledad. Así relativizaremos el impacto que este hecho pueda tener en nuestra persona.

Si bien la soledad no es la condición natural del ser humano, si nos lo proponemos, podemos también aprender a disfrutar del encuentro con nosotros mismos, y aprovecharlo para conocernos en profundidad. Es que la vida nos obliga a estar siempre ocupados en buscar respuestas adecuadas para los demás, mientras nos olvidamos de responder a nuestros propios interrogantes.

En la intimidad no necesitamos ropajes extraños. Es la mejor manera de estar en contacto con nuestro verdadero Yo.

Autoestima y conductas compulsivas y dependientes

Nuestra conducta también es un factor a tener en cuenta para evaluar nuestra autoestima. Hemos analizado en el comienzo de este capítulo cómo la baja autoestima genera comportamientos de gran dependencia, y no sólo a las drogas o el alcohol: un elevado número de seres humanos son dependientes de la comida o el trabajo, o de los juegos de azar.

Nos relacionamos con los demás como con nosotros mismos

Toda conducta compulsiva generada alrededor de una idea fija mantiene una pobre y negativa autoestima. Pensemos ahora cómo una persona que tiene una imagen desvalorizada de sí misma puede construir una relación sana y compartir vivencias enriquecedoras con otra persona.

Ambos miembros de una pareja son responsables de su propia autoestima y deben a su vez ser receptivos en todo lo relativo a la estima personal del otro. Veamos un breve cuestionario de autoevaluación, para comprender cómo funcionan la confianza y el respeto por nosotros mismos en una relación de pareja.

Me siento querido/a por lo que soy y no por lo que hago en mis relaciones personales.	SÍ	NO	A VECES	DUDO
Me siento libre para opinar en desacuerdo con mi pareja, sin reproches.	SÍ	NO	A VECES	DUDO
Mis ideas y sentimientos son aceptados, respetados y tenidos en cuenta.	SÍ	NO	A VECES	DUDO
Valoramos y planeamos nuestros momentos de soledad en la relación, sin sentimientos de culpabilidad.	SÍ	NO	A VECES	DUDO
Cuando cometo errores comentamos mi forma de actuar, no mis rasgos de personalidad.	SÍ	NO	A VECES	DUDO
Me siento libre para opinar en desacuerdo con mi pareja, sin reproches.	SÍ	NO	A VECES	DUDO
Mi pareja me valora ante los demás.	SÍ	NO	A VECES	DUDO

Mi pareja me apoya en la intimidad.	SÍ	NO	A VECES	DUDO
No siento que tenga que probar mis cualidades ante mi pareja.	SÍ	NO	A VECES	DUDO
Mi intimidad es aceptada tanto mental como físicamente.	SÍ	NO	A VECES	DUDO
Me siento desolado/a cuando mi pareja me rechaza sexualmente.	SÍ	NO	A VECES	DUDO
Siento que mi pareja tiene un problema cuando me rechaza sexualmente, y entonces trato de entenderla.	SÍ	NO	A VECES	DUDO
La responsabilidad en nuestra relación está basada en nuestras fuerzas y debilidades, no en el hecho de ser el hombre o la mujer.	SÍ	NO	A VECES	DUDO
Mi pareja se resiste a cambiar. Yo me siento desganado/a e indeciso/a para explorar esos cambios.	SÍ	NO	A VECES	DUDO

Necesito demostraciones de cariño para estar seguro/a de que existe amor en nuestra relación.	SÍ	NO	A VECES	DUDO
Mi pareja me alienta y aumenta mi autoestima en casa y en mi trabajo.	SÍ	NO	A VECES	DUDO
Me siento libre para decir no a mi pareja sin sentirme culpable.	SÍ	NO	A VECES	DUDO
Cuando hago algo que sólo me beneficia a mí, mi pareja no actúa con resentimiento.	SÍ	NO	A VECES	DUDO
Cuando mi pareja vive algo maravilloso excluyéndome a mí, me siento celoso/a.	SÍ	NO	A VECES	DUDO
Aprecio las críticas de mi pareja, porque entiendo que son constructivas y en mi beneficio.	SÍ	NO	A VECES	DUDO
No me siento enjuiciado/a en mi relación de pareja.	SÍ	NO	A VECES	DUDO
Yo no participo en comportamientos dañinos ni verbal ni físicamente.	SÍ	NO	A VECES	DUDO

Respeto las relaciones que mi pareja valora fuera de nosotros dos: familia, amigos y compañeros.	SÍ	NO	A VECES	DUDO
Mi percepción de mí mismo/a es igual en importancia a la que de mí posee mi pareja.	SÍ	NO	A VECES	DUDO
Siento que puedo llevar adelante y que merezco esta relación.	SÍ	NO	A VECES	DUDO

Luego de este esfuerzo, es el momento de evaluar las respuestas a las afirmaciones presentadas en este miniexamen.

Si bien no existe un tipo de respuesta "modelo", ni un puntaje por marcar una u otra opción, lo importante es que usted reflexione sobre sus respuestas y, sobre todo, analice el grado de satisfacción que éstas le han producido.

En una relación de pareja es necesario que aportemos nuestra parte más positiva y que pongamos en juego todas nuestras habilidades.

Sin embargo, si somos los únicos que estamos trabajando para obtener cambios positivos, es probable que nos topemos con muchas críticas en nuestro esfuerzo. Lo que el otro necesita es que nosotros cambiemos, y es justamente la propia necesidad de cambio la que está en juego.

Hay relaciones que ponen en peligro nuestra autoestima. Darse a una pareja es fundamental, pero tan importante como dar hacia afuera es mantener el equilibrio con lo que nos proporcionamos a nosotros mismos. El peligro radica en perder la identidad en la medida en que nos volcamos a favor del bienestar de nuestra pareja, cediendo todos los espacios propios.

Mientras tengamos la certeza de que estamos haciendo lo mejor a nuestro alcance, debemos prometernos que no nos dejaremos intimidar por nadie, en ninguna circunstancia.

Siempre encontraremos quienes tratarán de juzgarnos, controlar nuestra conducta y decirnos con aire de autoridad lo que debemos hacer y sentir. Va a depender de nosotros, de ahora en más, cómo responderemos a eso. ¿Sabe? Tengo la sospecha —es más, diría que la certeza— de que puedo imaginarme cómo va a responder usted ante estos desafíos a partir de la lectura de este capítulo. Créame que no se va a arrepentir.

Midiendo nuestra autoestima

Para recurrir a las fuentes naturales de la autoestima es necesario determinar la dinámica por la cual desembocamos en un juicio adecuado de nuestra persona o, por el contrario, culminamos en una desvalorización que se convierte en una actitud profundamente autodestructiva.

Veamos en detalle algunas de las actitudes de la vida cotidiana que determinan, cual termómetro, la temperatura de nuestra autoestima.

Conformar a los demás

Vivir intentando conformar a todos los que nos rodean es una tarea imposible, y necesariamente llegamos a un punto en que, enfadados con nuestra actitud, nos preguntamos: ¿por qué no he sido capaz de pensar en primer lugar en mí, a lo largo de los años transcurridos?

Comportarnos de manera de conformar a quienes conviven en nuestro entorno puede llegar a provocarnos una gran frustración. Es importante que alguna vez nos coloquemos en el primer lugar de la lista de personas a las que vamos a tratar de ser agradables. Una vez podemos jugar a nuestro favor, y así llegaremos a comprender la trascendencia del respeto por nosotros mismos.

Temor a la autoridad

Habitualmente las personas que ejercen cierto poder sobre nuestra persona inhiben el desarrollo en nosotros de una buena autoestima. Una vez que llegamos a la edad adulta, esto no puede seguir sucediendo si nosotros no lo permitimos. Una cosa es acatar órdenes de quien tenga circunstancialmente autoridad en nuestro trabajo o en nuestra vida privada, y otra muy distinta es permitirle ejercer su control sobre nuestros sentimientos y decisiones. Dejar que esto suceda nos hará perder el control de nuestra vida.

Incomunicación

En el siglo de los avances tecnológicos, en que comunicarse con cualquier rincón del universo es cuestión de segundos, la dificultad para expresar aquello que sentimos resulta aún más penosa. Es que guardarnos lo que debemos comunicar va en contra de la transparencia de nuestro relacionamiento. La mayoría de las veces poder expresar nuestros verdaderos sentimientos redunda en un enriquecimiento real de nuestros vínculos, aunque los demás puedan eventualmente molestarse con aquello que les decimos. Siempre es mejor ser frontal y hacer saber a los demás cuál es nuestro parecer, que almacenar a lo largo del tiempo resentimientos que inevitablemente un día han de desbordarse, adoptando quizá la forma de una crisis personal.

La hora de la verdad

A muchas personas les cuesta confrontar ideas con otras personas, o también les sucede lo opuesto, es decir, sufren cuando huyen para evitar así ese enfrentamiento por completo. La confrontación es una situación desagradable porque nos coloca delante de nuestra propia ira. Lo peor es que esa ira que no canalizamos adecuadamente puede finalmente convertirse en odio, que es un sentimiento mucho más difícil de manejar.

El juicio de los demás

Tomar conciencia de que no podemos conformar con nuestra conducta a todos aquellos que nos rodean es una forma útil y práctica de proteger ese patrimonio denominado autoestima. Es frustrante saber que otras personas tienen un juicio sobre nosotros que no se ajusta a la verdad. En algunas circunstancias podremos descubrir el porqué de esa imagen, y de esa manera proporcionarles más información para que cambien su opinión. Sin embargo, no siempre será posible y eso no puede destruir la autoestima. Recuerde que siempre el juicio que más importa es el que le merece su propia persona.

La búsqueda de la aprobación

La inseguridad y el miedo a actuar son dos sentimientos que se alimentan uno al otro. Cuanto más inseguros, más propensos a pasar del temor al pánico. La búsqueda compulsiva de la aprobación de los demás no hace más que acrecentar estos fantasmas que nos oprimen interiormente. Tratar de buscar la aprobación en nuestro interior es también una señal de recuperación de la confianza en nosotros mismos.

SABER DECIR NO

Saber decir que "no" sin sentirse culpable es una forma de comportamiento que podemos aprender a desarrollar. Decir que "no" a las personas que queremos no es fácil. Sin embargo a veces decir que "sí" a uno mismo puede automáticamente resultar en un "no" a otra persona. Si no se anima a ejercer el "no" con toda fluidez y amplitud, intente por lo menos utilizar el "sí", una vez para usted y una vez para los demás. Verá que nadie se ofende, y gana su autoestima.

Aprender a manejar nuestro tiempo

De las múltiples obligaciones que existen en nuestra vida, curiosamente sobre muy pocas podemos ejercer algún poder. Sin embargo hay un área sobre la que somos capaces de aprender a tener un poco más de control, y es sobre nuestro *tiempo*.

Saber cómo utilizarlo es una habilidad que podemos conseguir, y que nos proporcionará beneficios que quizás en este momento no podemos siquiera imaginar.

Intentar controlar el tiempo es una destreza que nos será de suma utilidad para incrementar nuestra autoestima y para conectarnos con sus fuentes naturales.

Uno de los secretos es saber distribuirlo correctamente. Veamos un ejemplo práctico. Elabore una lista de aquellas actividades que le toman su tiempo en la vida cotidiana. No se sorprenda, pero póngase en primer lugar. ¿Cómo se siente? Sincérese: no está acostumbrado a sentirse dueño de su espacio y, por ende, de su tiempo. Es una sensación extraña comenzar a gerenciar nuestra existencia sin volvernos por eso egoístas.

Si nuestra actitud básica es intentar por todos los medios agradar a los demás, brindando nuestra energía sin miramientos, es probable que estemos haciendo lo mismo con nuestro tiempo. Darnos cuenta de esto antes de que sea tarde nos ayudará a considerar lo que es prioritario para nuestros intereses, y nos permitirá hacer las correcciones necesarias para utilizar el tiempo a nuestro favor.

Si logramos a lo largo del día tomar algunos cafés con nosotros mismos, iremos descubriendo el fascinante mundo de nuestra interioridad, y ganaremos en autoestima, a punto de partida de incrementar nuestra seguridad y confianza, proceso que se dará espontáneamente al otorgarnos este nuevo espacio de diálogo.

El objetivo de estos "cortes" —que pueden ser de diez o quince minutos— es que podamos encontrarnos con nuestra realidad, en un ejercicio que debe ser relajante y que podemos utilizar para meditar, leer un libro o una revista, caminar, escuchar música suave o realizar cualquier actividad que sintamos que nos permite aproximarnos a lo que somos como personas, induciéndonos a abandonar el rol que circunstancialmente cumplimos, ya sea en el trabajo o en nuestra vida privada.

A lo largo del día acumularemos treinta o cuarenta y cinco minutos que, sumados, configuran un muy buen ejercicio de conocimiento de cómo somos realmente, qué deseamos y qué necesitamos para acercarnos al bienestar, en tiempos tan difíciles. Reflexione y observe que lo único que le he sugerido es que distribuya su tiempo de manera tal que pueda obtener también un beneficio propio, sin necesidad de acudir a un gimnasio o a una consulta. Sólo trate de encontrar el espacio adecuado para establecer ese encuentro cumbre con usted mismo.

Es nuestra responsabilidad saber cómo hemos de utilizar cada día que comienza. Programemos horarios donde sea factible introducir estos pequeños remansos y hagamos lo mismo desde ya con los próximos siete días y así sucesivamente, semana tras semana, tendremos una visión mucho más profunda de cómo somos como seres humanos.

Como usted verá, mi querido lector o lectora, gran parte de lo que nos sucede depende de la actitud que tengamos con respecto a la vida. Creo que llegó la hora de ponernos firmemente a recorrer los caminos que nos conduzcan al encuentro con lo mejor de nuestro Ser.

✤ ✤ ✤

¡SE PUEDE!

Si me ves cansado... fuera del sendero,
ya casi sin fuerzas para hacer camino;
si me ves sintiendo que la vida es dura,
porque ya no puedo, porque ya no sigo.
Ven a recordarme cómo es un comienzo,
ven a desafiarme con tu desafío.

Muéveme el alma,
vuélveme al impulso
llévame a mí mismo.

*Yo sabré encender mi lámpara
en el tiempo oscuro, entre el viento frío,
volveré a ser fuego desde brasas quietas,
que alumbre y reviva mi andar peregrino.
Vuelve a susurrarme aquella consigna
desde el primer paso para un principio.
Muéstrame la garra que se necesita
para levantarse desde lo caído.*

*Si me ves cansado, fuera del sendero,
sin ver más espacios que el de los abismos,
trae a mi memoria que también hay puentes,
que también hay alas, que aún no hemos visto.*

*Que vamos armados de fe y de bravura,
que seremos siempre lo que hemos creído.
Que somos guerreros de la vida plena,
que todo nos guía hacia nuestro sitio,
que en un primer paso, y en un nuevo empeño,
nos lleva a la forma de no ser vencidos.*

*Que el árbol se dobla,
se agita, estremece, deshoja y retoña,
pero queda erguido.
que el único trecho que queda adelante,
es aquel que cubre nuestro pie extendido.*

*Si me ves cansado, fuera del sendero,
solitario y triste, quebrado y herido,
siéntate a mi lado, tómame las manos,
entra por mis ojos hasta mi escondrijo…
y dime… ¡se puede! e insiste, ¡se puede!*

hasta que yo entienda que puedo lo mismo.
Que tu voz despierte, desde tu certeza,
al que de cansancio se quedó dormido.
Y tal vez, si quieres, préstame tus brazos,
para incorporarme, nuevo y decidido.
Que la unión es triunfo
cuando hombro con hombro vamos,
con el mismo brío.

Si me ves cansado, fuera del sendero,
lleva mi mirada hacia tu camino.
Hazme ver las huellas, que allá están marcadas,
un paso tras otro por donde has venido.

Y vendrá contigo una madrugada,
la voz insistente para un nuevo inicio,
que abrirá otro rumbo porque…
¡Sí, he creído!… que siempre se puede…
se puede…

Autor anónimo

Capítulo 6
El derecho al bienestar, los espacios y los límites

> *A un hombre se le puede quitar todo excepto una cosa, la última de sus libertades: elegir su actitud frente a cualquier circunstancia; elegir su camino.*
>
> Víctor Frankl

Compenetrados con nuestras obligaciones cotidianas, y en el cumplimiento de los roles que hemos ido incorporando en el tránsito por la vida, dejamos de lado uno de los derechos que tenemos los seres humanos y del cual somos absolutamente responsables: **EL DERECHO AL BIENESTAR**.

Parece lógico que, urgidos por atender nuestras necesidades básicas, y en tiempos difíciles o de crisis personal, releguemos a un segundo plano la búsqueda del equilibrio y de la paz interior, ya que no nos encontramos en las mejores condiciones para pensar en nuestro autodesarrollo.

También me parece ajustado a la realidad que usted se esté preguntando qué valor puede tener el hablar de "bienestar", cuando tiene una larga lista de necesidades posiblemente no cubiertas, y que yo comprendo perfectamente, sólo que permítame interrogarlo acerca de quién piensa usted que se va a ocupar de su calidad de vida...

Cuando, por alguna circunstancia, buscamos respuestas a estas preguntas medulares en la existencia de los seres humanos, tomamos conciencia de la jerarquía de ser autorresponsables en la conducción de nuestra vida, y también comprendemos que una vez que ingresamos en la adultez no podemos ni debemos delegar esta responsabilidad en ninguna otra persona, más allá de que desee lo mejor para nosotros.

Sólo uno sabe dónde le duele

Tomar el mando de nuestra existencia implica ser protagonista principal en las decisiones que tomamos diariamente, y que nos acercan o nos alejan del bienestar. Recordemos que nadie nos conoce mejor que nosotros mismos, y eso nos lleva de la mano al pensamiento de que nadie puede saber mejor que uno mismo qué es lo que necesita para acceder a ese bienestar.

No tema, pregúntese ahora: "¿Qué necesito para alcanzar el bienestar?" Cuando halle las respuestas, escríbalas y guárdelas cuidadosamente, y analice también quién es capaz de proporcionarle aquello que necesita. Sin duda llegará a la conclusión de que el agente principal de su propio bienestar o malestar es usted mismo.

No porque lo busquemos adrede, pero cuando reiteradamente nos golpeamos, y esos golpes nos duelen mucho, ha llegado la hora de revisar en qué estamos fallando pero, sobre todo, en qué **NOS** estamos fallando. Qué tipo de conductas autodestructivas estamos teniendo que nos llevan a sentirnos mal y a perder la alegría de vivir.

El derecho al bienestar es una conquista del ser humano moderno al cual no podemos ni debemos renunciar. ¡No se postergue más! **ÉSTE ES EL MOMENTO EN EL CUAL US-**

TED DEBE ENCONTRARSE CON LO QUE NECESITA PARA SU PROPIO BIENESTAR. Seguramente esto no es transferible a su hermano o a su hijo, o a su amigo o amiga, lo que nos está señalando la importancia de conocerse uno mismo para poder determinar un derrotero a seguir en la vida.

Estaremos de esta manera ejerciendo el respeto hacia nosotros mismos. El objetivo fundamental de delinear nuestro bienestar es evolucionar hacia nuestra **AUTONOMÍA**, es decir, ser las personas que sustentamos aquello que nos hace bien y aquello que debemos alejar de nuestro entorno cotidiano.

Vivir según nuestros pensamientos

Cada etapa de la vida presenta simultáneamente riesgos y desafíos. En la medida en que logramos cubrir nuestras necesidades básicas en cada uno de estos peldaños de la existencia, vamos preparándonos para la siguiente. Un niño pequeño sostiene su cabeza a los tres meses de edad y se sienta a los seis meses, y cada etapa que cumple lo encuentra en excelentes condiciones para abordar la siguiente fase de su desarrollo. De la misma manera, a medida que nos desarrollamos, las exigencias se incrementan y es necesario que estemos preparados para ello.

Ser autónomos y explorar nuestras necesidades para sentirnos bien en la vida no significa que seamos autosuficientes en todos los aspectos que hacen a la cotidianeidad. La autonomía nos proporciona la capacidad para responder a los desafíos fundamentales de la vida, tornándonos independientes y dándonos la habilidad para hacernos responsables de nuestra existencia.

La autonomía tiene que ver con qué valor le otorgamos a nuestra propia aprobación, o hasta dónde seguimos dependiendo de la opinión de los demás o del medio social donde nos desenvolvemos. Ser autónomos es, en otras palabras, vivir según lo determinan nuestros propios pensamientos.

Pero detengámonos un instante en este concepto: vivir según nos indican nuestros pensamientos no implica perder la capacidad de aprender de los demás; solamente que nos hacemos responsables de las decisiones que tomamos, y de los principios y valores sobre los que se asientan nuestras acciones.

Las personas maduras comprenden que el mundo no está solamente para satisfacer sus necesidades. Cuando hemos recorrido el camino que nos conduce a la autonomía, no sentimos que nuestra autoestima corra riesgos, porque la fuente de la aprobación está dentro de nosotros mismos. Esto nos permite deslizarnos suavemente hacia la construcción de nuestro propio bienestar.

Un individuo maduro ya no necesita demostrarles a los demás que es una buena persona, ni necesita de la aprobación de éstos para planificar su bienestar. Es más: **SÓLO CUANDO ALCANCE SU EQUILIBRIO INTERIOR PODRÁ COMPARTIR SENTIMIENTOS Y VIVENCIAS SANAMENTE, POR EJEMPLO CON SU PAREJA, SUS HIJOS O SUS AMIGOS O AMIGAS.**

Respetarse: condición para respetar a los demás

La ausencia de esa paz interior que se acompaña del equilibrio es una de las causas fundamentales de la constante invasión de los límites de las doscientas millas marinas del ser humano, es decir, del espacio donde cada uno debe desarrollar su vida tal como le plazca, sin que esto signifique que no sea capaz de compartir con otros, aspectos diversos de la existencia. Volveremos más adelante sobre este concepto que considero clave en la salud de las relaciones humanas.

Aun en el mejor vínculo entre un hombre y una mujer se producen situaciones de conflicto en que alguna de las partes puede resultar herida. Los individuos que no han alcanzado la madurez responsabilizan a estos episodios de la ausencia de su bienestar, presentando estos incidentes como prueba fehaciente del rechazo de que son objeto.

Mientras tanto, aquellas personas, tanto del sexo femenino como masculino, que son emocionalmente maduras, sufren también con los conflictos, pero no los convierten en áreas de desastre. Estas personas son asimismo capaces de respetar los tiempos del otro —incluso la necesidad de éste de estar a veces solo—, honrando de esta manera el derecho al bienestar no solo propio sino también de la persona con quien voluntariamente han decidido compartir la vida.

El no poder alcanzar un nivel adecuado de madurez hace que los hombres y mujeres que están en esta situación enfrenten la vida con una actitud de pasividad: siempre están esperando que alguien venga en su ayuda, o que se les reconozca que son buenas personas, es decir, que desde el exterior se ensalcen sus valores.

Son seres humanos que no han logrado descubrir los beneficios de trabajar en pos de un concepto de autonomía y que organizan su vida alrededor de una sensación de minusvalía, buscando de esa manera agradar siempre o que los protejan. A veces inclusive intentan controlar a su entorno para que satisfaga sus necesidades. Al ser profundamente inseguros y no reconocerse como personas de valor, recurren a todos estos tortuosos caminos para lograr acceder a un bienestar que nunca les llega.

Y más allá de que busquen su realización personal a través de la dominación o de la sumisión, siempre alberganuna sensación de vacío en lo más profundo de su propio ser.

La madurez intelectual consiste en estar en condiciones de pensar en principios y de ser objetivo. A su vez, el desarrollo intelectual no puede separarse del desarrollo moral y emocional. Sin embargo nos encontramos habitualmente con personas que son brillantes en su profesión o en sus negocios y que sin embargo se enfrentan a serias dificultades en sus relaciones familiares, laborales, etcétera.

También es cierto que la capacidad de pensar sobre la base de principios sólidos respecto de uno mismo es la más clara expresión de la culminación de un largo proceso.

La capacidad de ser críticos respecto de la justicia o injusticia, de tener una opinión formada sobre el bien y el mal, sobre los aciertos y los errores de nuestro propio comportamiento y también sobre el de los demás, juzgándolos con la misma transparencia, son también signos claros de haber alcanzado una madurez que nos permite transitar por la vida con la mirada puesta en el futuro.

Si hemos sido capaces de alcanzar estas metas, podemos afirmar que estamos en condiciones de ser **OBJETIVOS**. Pero, a su vez, estos logros nos están hablando de autonomía, y también de establecer límites claros en pos de nuestro propio bienestar.

Una de las características de las personas que anhelamos afanosamente alcanzar nuestra autonomía es que escuchamos siempre nuestras voces interiores, las que, aun a riesgo de error, nos orientan hacia nuestras reales necesidades en la búsqueda del equilibrio y el bienestar.

Cuando "portarse bien" no trae nada bueno

Pero ¿por qué nos cuesta tanto respetar las señales que emergen del centro mismo de nuestro ser? Una respuesta, entre tantas posibles que podemos esbozar, es que desde etapas tempranas de la vida somos orientados a dar prioridad a las señales que vienen del exterior por sobre las internas. Dicho de otro modo, nos enseñan desde pequeños que siempre es mejor respetar la voz y la opinión de los demás antes que la propia.

Recordemos por un instante las reglas de cuando usted, querido lector, era pequeño: un niño "educado", "virtuoso" era sin duda aquel que se portaba "bien", el que preguntaba y se preocupaba por sus mayores, es decir, el que complacía los deseos y las expectativas de los adultos.

Seguramente muchos de nosotros recordamos la obediencia a nuestros mayores como el precio para ser aceptados por éstos, así como el mensaje negativo acerca de que el torrente de sentimientos que brotaba de nuestro interior era algo que debía ser reprimido, suprimido o considerado despreciable frente al común denominador de lo que pensaban y sentían "los demás".

Esta crítica de ninguna manera habilita a pensar en el extremo contrario, es decir, que como niños debemos tener una libertad irrestricta. Justamente una de las funciones de los padres es ponerles límites a sus hijos para que puedan adquirir seguridad, y estén adecuadamente preparados para la supervivencia independiente en el futuro.

Cuando por omisión o elección nos negamos a poner esos límites, o no trasmitimos la importancia de ciertos valores morales básicos para la vida en sociedad, estamos haciéndoles un flaco favor a esos seres pequeños, que necesitan de la sabiduría de los adultos para aprender a transitar el duro camino de hacerse responsables de su propia existencia.

Es cierto que los adultos, por el mero transcurrir de nuestros años de vida, hemos enfrentado una multiplicidad de situaciones conflictivas que nos han hecho adquirir una sabiduría de la que carecen aquellos que recién están en el comienzo de su peregrinaje vital.

Pero este conocimiento podemos transmitírselo al niño con respeto o infundiéndole temor. Lamentablemente muchas veces no aceptamos que el niño se equivoque, como una consecuencia natural de su evolución como ser humano, con derecho a cometer errores y también con derecho a aprender de éstos, para no reiterarlos.

Son contadas las corrientes de pensamiento dentro de nuestra cultura que estimulan la autonomía intelectual y el respeto por lo que pensamos, sentimos y somos. Más bien el objetivo mancomunado de padres y educadores ha sido intentar que nos adaptemos a las reglas sociales, aunque esta actitud vaya en desmedro de nuestro bienestar y equilibrio interior.

Sé que en este instante usted está sintiendo que una oleada de calor interior le atraviesa el rostro, y lo invade un sentimiento de impotencia por haberse identificado con alguno de los contenidos de los párrafos anteriores. Pero no desespere, porque siempre estamos a tiempo de darnos cuenta de lo sucedido y de tratar de revertir aquellas experiencias que ahora entiende como profundamente negativas para su bienestar.

Porque también es cierto que muchas personas no saben cómo alcanzar su bienestar, no fueron preparadas para hacerlo, ni entrenadas en el respeto por sí mismas.

Cinco minutos diarios de gimnasia espiritual

Pues bien, éste es el momento, con el libro en la mano, de que entrecierre los ojos e imagine cómo sería su vida si usted fuera capaz de respetar su interioridad.

¿Realmente cree que hay un abismo entre sus sentimientos y su realidad actual? Y bien, avancemos... ¿qué le parece si vamos introduciendo algunos cambios? Por ejemplo, dedique cinco minutos de su agitada agenda diaria a dialogar con usted mismo. Claro, casi puedo escuchar su respuesta: "Con todos los problemas que tengo, ¿qué arreglaría con cinco minutos por día?"

Sin embargo, tomemos una calculadora para ser ejecutivos, y veamos:

- 5 minutos por día
- 35 minutos por semana
- 150 a 155 minutos por mes (30 o 31 días según el mes)
- 1.825 minutos al año

¿Sigue creyendo realmente que cinco minutos diarios son pocos para tomar conocimiento de lo que sentimos? ¿Cuánto cree que necesitamos para diseñar una estrategia que nos permita acceder al bienestar por nuestro propio camino, y que a la vez nos ayude a establecer límites que impidan que nuestro "territorio" personal sea invadido una y otra vez?

Pero tal vez el argumento fundamental que usted esté esgrimiendo para evadirse de estos cinco minutos es que no puede imaginarse cuál sería el contenido de las preguntas que se haría, ni el orden de jerarquía que habría de darles. Yo estoy dispuesto a ayudarlo para que no le sea tan difícil, y por eso le propongo una línea de trabajo, a modo de ejemplo: revisar el concepto que usted tiene acerca de aceptar como normal el hecho de cometer errores.

Darse permiso para equivocarse

Desde el punto de vista del desarrollo de la autoestima y de la búsqueda del bienestar, que es el tema central de este capítulo, cuando un ser humano, cualquiera sea la etapa de su vida en que se encuentre, se autoriza a equivocarse sin emitir un juicio condenatorio de su persona, contribuye a elevar su autoestima y a su vez comete menos errores, puesto que su conducta no es inhibida por el terror a fallar.

NADIE QUE SE SIENTA INDIGNO POR EQUIVOCARSE PUEDE ALCANZAR LA AUTONOMÍA Y EL BIENESTAR.

Ir tras el propio bienestar implica aceptar, primero, que somos en gran medida responsables de aquellas cosas que nos suceden y, en última instancia, que somos responsables de nuestra propia existencia. A medida que el ser humano evoluciona se enfrenta con situaciones cada vez más difíciles de resolver en lo que tiene que ver con la toma de decisiones y los juicios de valor que le merecen los sucesos, todo lo cual requiere de un conocimiento de lo que significa vivir.

Cuando aceptamos esa responsabilidad, lo cual no es una decisión menor, estamos asegurando nuestra independencia, en cuanto a ser los agentes activos de aquello que queremos que nos suceda en nuestra existencia. A la vez, cuando nos negamos a aceptar ese desafío, caemos inevitablemente en una situación de dependencia, sobre todo a la hora de encarar esas decisiones que marcan etapas en el transcurso de nuestra vida.

Los inconvenientes de la independencia

Sin embargo, el aceptar la responsabilidad en la búsqueda del bienestar puede tener algunos inconvenientes, que nos indican que estamos empezando a ser diferentes del resto del mundo.

A modo de ejemplo: el pensamiento independiente suele ser causa de serios conflictos respecto a la opinión y el juicio de los demás, desencadenando una desaprobación que no todos estamos preparados para tolerar.

Asimismo a lo largo del camino que nos lleva a ser responsables de nuestra vida, cometemos errores, sufrimos y experimentamos dolor, fracasos y muchas veces impotencia frente a nuestras propias fallas.

Con todo lo doloroso que esto puede llegar a ser, no se justifica el tener miedo a confiar en nuestro propio juicio. De todas formas debemos asumir el compromiso de elegir objetivos, así como los valores y principios que han de guiarnos.

Respetar las señales internas es el gran desafío de esta hora, otorgarle a nuestra propia razón el derecho de tomar las decisiones que entendamos necesarias para alcanzar el bienestar y el equilibro interior.

No siempre este camino será respetado por los demás, y esto debemos tenerlo presente. Es probable que el asumir esta responsabilidad nos haga entrar en conflicto con quienes nos rodean; entonces será el momento ineludible de decidir qué es más importante para nosotros: si nuestros pensamientos y sentimientos, o los de los demás, aun de aquellos que sabemos que nos quieren bien.

Esto no significa que desear tener relaciones interpersonales armónicas, que nos faciliten la vida en el marco social donde nos desarrollamos, esté en contraposición con el concepto de independencia. Ahora bien, si para mantener nuestra relación con el mundo debemos pagar el precio de renunciar a lo que pensamos y sentimos, se torna necesario evaluar seriamente la posibilidad de perder la autonomía y, por ende, el bienestar por el que tanto hemos trabajado.

Como resulta obvio, el camino hacia el bienestar no está libre de obstáculos. Autonomía y bienestar son dos vocablos cuyos significados se entrelazan. Un ser humano puede aprender muchas cosas de otros, pero no puede compartir la responsabilidad de pensar o de tomar conciencia de su propia realidad. Puede, al final del camino, compartir las conclusiones a que haya arribado, pero ser consciente, pensar y comprender lo que le sucede es un proceso individual donde se encuentra consigo mismo, y que debe realizar en soledad.

Una soledad que, paradójicamente, nos permitirá encontrarnos con la primera persona a la cual debimos escuchar siempre: **UNO MISMO**. Y esta soledad en la que se desarrolla el diálogo interno es justamente lo que muchas personas temen, es decir, no acceden a tener un pensamiento independiente, por lo que significa de aislamiento como seres vivos.

Aunque este aislamiento es algo absolutamente transitorio, tomar conciencia de la responsabilidad que nos compete respecto de asumir nuestra propia existencia no es fácilmente tolerable.

Asimismo, elegir nuestra escala de valores y juzgar los acontecimientos que nos toca vivir es enfrentarnos a nuestra propia realidad, donde establecer un pensamiento propio significa crear una identidad distinta y que nos distingue de los demás.

Tomar conciencia de que estamos vivos también trae implícito el pensamiento de que somos seres con una vida limitada, es decir, mortales, y que un día moriremos. Esto no es fácil de aceptar, y a veces pasamos largos períodos de nuestra existencia enfrentándonos a la inevitabilidad de la muerte, gastando una energía vital que podríamos utilizar en los desafíos y las oportunidades que se nos presentan a diario.

El temor a ser autónomos y el temor al propio bienestar son sinónimos de temor a nuestra propia responsabilidad, temor a generar una nueva identidad que nos aísle, arrojándonos a la soledad de los que tienen el valor de ser diferentes, un precio que no todos estamos dispuestos a pagar.

La represión de nuestras emociones y la negación de nuestros sentimientos son dos factores sumamente poderosos que se interponen en el camino hacia nuestra autonomía, porque ejercen un efecto negativo sobre el pensamiento y sobre la conciencia de que somos seres vivos con derecho a una identidad propia.

Para que una mujer o un hombre puedan desenvolverse satisfactoriamente en la vida tienen que estar en contacto con el entorno donde actúan, pero también con sus propios deseos, necesidades y proyectos, y con un concepto claro de cuál es su misión, es decir, para qué están viviendo y hacia dónde han de dirigir el esfuerzo para lograr sus metas.

Si las emociones no logran aflorar, y si los sentimientos no se pueden exteriorizar, es fácil comprender por qué el bienestar y la autonomía son bienes que están lejos de ser alcanzados.

Es muy importante darse cuenta de que, mientras seamos incapaces de ver aspectos trascendentes de nosotros mismos, no podremos comprender los pensamientos y sentimientos de quienes nos rodean. A modo de ejemplo, la persona que niega la necesidad humana de compañía, ignora las posibilidades de satisfacer realmente esa necesidad y no puede reconocer la voluntad de otros seres humanos de acercársele y brindarle su apoyo y amistad incondicionales.

Los límites físicos

Cada uno de nosotros ocupa un espacio físico y uno espiritual en el Universo; para lograr una convivencia armónica, respetuosa del espacio y los derechos de los demás, que también ocupan su propio lugar en el orden universal, es necesario el establecimiento de límites imaginarios.

Cabe preguntarnos, entonces, **¿QUÉ ES UN LÍMITE?** Una de muchas definiciones posibles dice que un límite es una línea o un borde que nos separa de los demás seres humanos.

Un ejemplo claro de límite es la piel, que recubre y contiene todo el ser físico. Los seres vivos están separados de su entorno por una barrera física. Observando cualquier ejemplar de la escala zoológica veremos con facilidad que todos los seres vivos tenemos límites físicos que nos delimitan como individuos respecto de otros seres vivientes.

Sin embargo esta integridad puede perderse a punto de partida de una lesión o por la acción de otros organismos invasores. Si la brecha causada por la lesión es extensa, o el organismo invasor es fuertemente hostil, el invadido puede llegar a perder la vida.

MANTENER LOS LÍMITES FÍSICOS ÍNTEGROS PRESERVA LA VIDA.

El mundo físico en general tiene límites que nos permiten desarrollar nuestra vida cotidiana sin sufrir accidentes. Pongamos por ejemplo lo que sucede cuando nos sentamos en un sillón. Si éste no nos contiene, seguiremos en nuestro trayecto hacia el suelo, por la propia Ley de Gravedad. Esto ilustra la idea de que los límites físicos hacen a la posibilidad de una vida ordenada.

Hemos visto que la piel demarca el límite del ser físico, pero existen otros límites que se extienden mucho más allá de nuestro cuerpo. Somos conscientes de esto cuando permitimos que otro ser humano se acerque más de lo habitual a nosotros. Esta cercanía nos permite percibir una zona de bienestar que se manifiesta como si estuviéramos rodeados de un círculo invisible. Tanto nosotros como la persona a la que le hemos permitido penetrar en ese espacio propio experimentamos esa cercanía y la fluidez del vínculo.

Sin embargo, cuando alguien nos es hostil, en la búsqueda de la preservación de nuestro ser físico y espiritual establecemos espontáneamente una mayor distancia.

Los límites emocionales

Y existen, asimismo, otros límites, en lo emocional, lo espiritual y lo relacional. Todos tenemos una frontera, como los países. Esa frontera que nos separa del resto del mundo contiene dentro de sus límites nuestro *propio ser*, eso que somos y que nos distingue y separa de los demás.

Piense: ¿Qué es un límite emocional para usted? Déjeme ayudarlo: todos poseemos un sentimiento y formas de reaccionar que tienen como un sello propio. Usted, yo, todos tenemos una manera de responder al mundo que se basa exclusivamente en la manera en que percibimos los hechos, en nuestra historia personal y en la escala de valores que hemos delineado en nuestro paso por la Existencia. Es posible que haya otras personas que sientan y reaccionen de manera similar a la nuestra, aunque la individualidad es una de las características de esas reacciones; ninguna reacción es idéntica a otra, como no lo son las huellas digitales.

La vida transcurre y siempre encontramos un punto de inflexión donde por alguna circunstancia o acontecimiento comenzamos a ocuparnos de cómo nos tratan emocionalmente las demás personas. Éste es el momento ideal para conocer los límites de lo que es seguro y apropiado para preservarnos íntegros.

Permitir que alguien abuse de nosotros o nos hiera, aunque más no sea verbalmente, no implica que esa persona sea superior a nosotros. El único modo de lograr relaciones de respeto mutuo es establecer límites claros, que marquen hasta dónde puede una persona penetrar en nuestro territorio, y en qué punto esto pasa a ser una invasión; sólo así podremos concretar nuestra necesidad de protegernos.

La función de los límites

Los límites sin duda ponen orden en nuestra vida. Si desde pequeños nos enseñan sobre ellos, eso nos permitirá tener una idea más clara de nosotros mismos y nos ayudará increíblemente a mejorar nuestras relaciones con los demás. Saber reconocer y establecer límites nos permitirá ubicar a los demás en su trato hacia nosotros.

Los límites sanos nos protegen de la agresión indiscriminada, la mezquindad y la falta de consideración de los demás, todas situaciones a las que podemos vernos enfrentados en el largo y duro trayecto de la Existencia.

En condiciones normales, los límites comienzan a formarse en la infancia. El niño o la niña es estimulado a desarrollarse como individuo, y se le infunde un concepto de sí mismo como ser único y separado de los demás integrantes del núcleo familiar. Los mensajes aquí son diversos, dependiendo de la estructura de la familia y de qué quiere transmitírseles a los más pequeños.

Aprendemos sobre nuestros límites según cómo hayamos sido tratados en nuestra infancia, y posteriormente comunicamos como podemos a los demás dónde se encuentran esas barreras, de acuerdo con la manera en que permitimos que nos traten.

Recuerde: el mundo respetará nuestros límites si le indicamos dónde están.

Aun así, es probable que frente a algunas personas en particular debamos defendernos especialmente, señalando una y otra vez nuestra voluntad de no ser vulnerados.

Retornando al ejemplo de la piel, es claro que es el exponente más fiel de lo que significa un límite físico. Los límites emocionales y los de las relaciones humanas, en cambio, son menos evidentes, aunque no por eso menos importantes.

Si nos hacemos una herida en la piel, vulnerando esa barrera natural, probablemente, si no tomamos los recaudos correspondientes para evitarla, contraeremos una infección. De manera similar, cuando nuestros límites emocionales son agredidos, quedamos expuestos al sufrimiento espiritual.

Cuando los demás, voluntaria o involuntariamente, traspasan estos límites invisibles, avasallando nuestros derechos naturales, estamos en presencia de una violación de nuestro espacio vital. Algunas personas no dejan de intentar una y otra vez invadir nuestra soberanía, y es nuestra obligación mantenerlas a distancia, en un ejercicio práctico de legítima defensa de nuestros intereses.

Las "doscientas millas marinas" en la vida de los seres humanos se constituyen en el espacio protegido que nadie puede abrogarse el derecho de invadir, que es propiedad privada y que nos permite ser individuos únicos y seres irrepetibles.

Yo personalmente me he preguntado más de una vez: ¿Cómo deben ser los límites: duros, rígidos, inamovibles, o deben ser modificados de acuerdo a las circunstancias? Los límites tienen dimensiones y formas variadas. Desde la rigidez absoluta hasta la total flexibilidad, desde la transparencia hasta la opacidad más impenetrable, la modalidad la establece cada uno, de acuerdo con la circunstancia y con quien o quienes los estamos creando.

La salud emocional está íntimamente relacionada con la salud de nuestros límites. Crecer en el seno de una familia conflictiva dificulta el aprendizaje de estos valiosos instrumentos. Sin embargo, a medida que nos convertimos en adultos, en seres independientes, comenzamos a vernos como individuos separados de los demás y necesitados de límites claros, que nos proporcionen el bienestar que todo ser humano requiere para enfrentar los desafíos básicos de su existencia.

¿Dónde están sus límites?

Estimado lector o lectora: ¿Dónde están sus límites? ¿Alguna vez pensó en esto? No se angustie ni se deje invadir por la ansiedad. Aprenda lentamente a ser consciente del sentido de su ser único, y fíjese si se siente cómodo dentro de sus propios límites.

Veamos si juntos podemos, a partir de ahora, construir un concepto nuevo sobre este importante tema de los límites.

Los dos tipos principales de barrera son las físicas y las emocionales.

Las barreras pueden ser fundamentalmente de dos tipos: físicas (entre las que nuestra piel es el ejemplo más claro) y emocionales (como la distancia que establecemos en nuestras relaciones y nuestros personales requisitos para sentirnos bien tratados por los demás).

Se pueden establecer límites físicos decidiendo por ejemplo a qué distancia pueden acercarse los demás. Y, cual si fuéramos un automóvil, disponemos de una marcha adelante y una marcha atrás, que nos permiten retirarnos cuando alguien invade nuestra zona personal.

Los límites emocionales pueden ser establecidos determinando cómo queremos que los demás nos traten. Al no poder influir sobre las reacciones de los demás, deberemos trabajar sobre nuestra propia conducta, alejándonos de aquellas situaciones que consideramos lesivas para nuestra persona e instalándonos en las que nos generan bienestar y respeto por nosotros mismos.

Si les quitamos a los demás el poder de juzgarnos y somos capaces de darle a nuestro propio juicio sobre nuestra persona y actitudes el sitial que se merece, habremos progresado significativamente en el establecimiento de límites saludables, que nos habilitan para vivir mejor.

La responsabilidad por la propia salud

Y volviendo sobre los límites físicos, cada uno de nosotros es el responsable de su cuerpo, y constantemente estamos decidiendo cuán cerca pueden llegar los otros con quienes nos relacionamos. Al ser propietarios de nuestra vida, somos los únicos que podemos tomar decisiones sobre ella, y asumir las consecuencias de esas decisiones.

Elegimos lo que comemos, si realizamos actividad física o no, cuánto tiempo dedicamos al descanso. No cabe duda de que el cuidado de nuestro cuerpo está a nuestra merced y los resultados, también. Pero cabe preguntarse: "¿Dónde están mis límites?", "¿Dónde terminan los límites de los demás y comienzan los míos?" Hemos dejado establecido que la piel es el límite físico, y que cada uno controla el espacio que existe entre su cuerpo y el de los demás.

La distancia entre el mundo que nos rodea y nosotros es regulada por nuestras decisiones, y siempre estará en nosotros determinar cuándo alguien nos está molestando y mantenerlo a una distancia que nos resulte cómoda y segura.

¿Por qué insisto sobre este tema? Porque constantemente he podido observar a mujeres y hombres que no han tomado conciencia de que su cuerpo les pertenece y que deben cuidarlo y defenderlo de las potenciales agresiones de las que pueden ser objeto.

¡Disfrute de la vida, haga lo que quiera hacer, esfuércese para mejorar su salud y su calidad de vida!

Comprenda que su piel y su cuerpo le pertenecen y que solamente usted puede determinar cómo tratarlos. Nuestro cuerpo nos acompaña a lo largo de toda nuestra existencia, será nuestro único equipaje cuando arribemos a la última estación, que es la muerte. ¡Siéntase libre de decidir sobre él, de acuerdo con lo que piensa y siente! Habrá hecho, sin lugar a duda, la mejor elección.

Por su parte, los límites emocionales definen el tipo de personas que somos. Todas las agresiones a esos límites deben ser interpretadas como una amenaza para nuestra integridad. El ser humano se compone de un complejo de valores, ideas y sentimientos, y de una visión particular del mundo que le rodea. Los límites emocionales protegen ese complejo.

¿Cómo hacer, pues, para reforzar los límites emocionales? Aprendiendo a ejercer nuestro derecho a decir "NO" sin sentirnos culpables y a decir "SÍ" cuando el sí refleja lo que en realidad estamos sintiendo. Esta actitud tiene varios significados: respeto por los sentimientos, aceptación de las diferencias y la posibilidad de expresarnos guardando fidelidad a nuestra conciencia.

¿Qué es lo que destruye los límites emocionales? Sufrir el desprecio, la burla, el ridículo, el desdén y el menosprecio por nuestros sentimientos, sumado a la necesidad de reprimir lo que queremos comunicar, por temor a la arbitrariedad y a los juicios severos y devaluatorios de nuestra persona.

Vivir constantemente fingiendo lo que no somos supone una actitud alienante, que nos obliga a traspasar nuestros propios límites para reemplazar lo que en realidad es nuestro ser. Cuando para sobrevivir en determinadas circunstancias simulamos que somos alguien diferente, nos sentimos extraños, y progresivamente perdemos contacto con nuestro ser real, hasta terminar ignorando lo que realmente deseamos y necesitamos.

TENER LÍMITES CLARAMENTE DEFINIDOS MANTIENE A SALVO NUESTRA INDIVIDUALIDAD.

Usted, que está leyendo este capítulo ahora, es un ser individual, singular, único, diferente y que ocupa un espacio que lo separa de los demás. ¿Qué es lo que define a cada ser humano como distinto de sus pares?: Su historia, sus experiencias, sus inclinaciones, su personalidad, sus valores éticos y morales, sus metas y objetivos, su inteligencia y sus habilidades. Todos estos elementos concurren para formar una combinación exclusiva, que define a cada ser humano como alguien que tiene límites geográficos, de la misma manera como los tiene un país respecto de los países vecinos.

Cuando en el libre juego de las relaciones humanas compartimos con honestidad nuestro ser, estamos revelando nuestros pensamientos y nuestras convicciones, definiéndonos emocionalmente tal como somos ante nosotros mismos y frente a los demás.

Por el contrario, cuando pretendemos manejar posturas que no nos pertenecen, o cuando callamos en vez de expresar libremente nuestras opiniones para "mantener el buen clima de la relación" o para que los demás "no se molesten", estamos ocultando nuestros límites ante nosotros mismos y ante los demás. ¿No será esto lo que le pasa con cierta frecuencia? ¿Se reconoce cediendo siempre espacios en aras de una supuesta buena convivencia? Créame que no es éste el camino adecuado para respetar nuestras señales internas.

Si sonreímos a afirmaciones que nos parecen ofensivas, si expresamos opiniones contrarias a las que en realidad sustentamos, ¿qué cree que sucede en nuestro interior? Negarnos a nosotros mismos nos hará sentirnos muy mal. Hay una única ocasión en que esta actitud se justifica y es cuando nuestra supervivencia está amenazada en algún sentido, y entonces esta respuesta adquiere ribetes de estrategia defensiva.

Cuando los otros nos invaden

Constantemente sufrimos violaciones a nuestros límites, y no siempre le damos a esto la jerarquía que esto amerita, sino que nos malacostumbramos a vivir así. Contra lo que uno podría pensar en primera instancia, no sólo el sobreviviente de la violación sufre lo más fuerte del impacto emocional, sino que todos los que están involucrados en esta situación se ven profundamente afectados.

Una violación de límites tiene lugar cuando alguien, inconsciente o deliberadamente, atraviesa las fronteras emocionales o físicas de otra persona.

Independientemente de que una violación de límites sea intencional o inconsciente, o que sea cometida por malicia o ignorancia, sigue siendo una violación. Es una situación que causa mucho daño, y que tiene repercusiones en el presente y en el futuro de las personas involucradas.

Aun en las circunstancias más adversas, siempre estamos a tiempo de establecer límites que nos permitan no solamente sobrevivir sino también vivir de acuerdo con nuestros principios y valores. Aprender a establecer límites sanos nos ayudará a mejorar la calidad de nuestra vida.

Trabajemos sobre tres pilares que nos van a permitir redimensionar nuestra realidad:

- Seamos conscientes de nuestra realidad.
- Identifiquemos las situaciones de violación de nuestros límites sufridas a lo largo de nuestra vida y tengamos presente lo que sentimos, y el daño ocasionado.
- Evaluemos el estado de nuestros límites actuales y establezcamos las correcciones que creamos necesarias.

Beneficios de una buena delimitación territorial

Esto no es fácil ni simple, pero es el único camino real para sanear nuestra postura frente a los demás. No olvidemos que todos estos esfuerzos tienen como objetivo final lograr el bienestar y, si es posible, también, por qué no, la felicidad.

El secreto para lograr el equilibrio que tanto buscamos es lograr construir barreras precisas. Esto requiere de nosotros una atención constante y algo así como un servicio de mantenimiento. Es probable que trabajando diariamente, tratando de detectar todas las invasiones que sufrimos, podamos en algún momento aproximarnos al ideal en lo que tiene que ver con el establecimiento de ese dique de contención que constituyen los límites.

Cuando ellos son claros nos permiten definirnos, contribuyendo a mejorar nuestra salud física y espiritual, creando un espacio para la recuperación. Asimismo, los límites precisos generan relaciones sanas.

Existen otros beneficios adicionales en este trayecto a recorrer en la búsqueda del conocimiento interior. A medida que los límites se definen, también iremos tomando conciencia de lo que queremos y, sobre todo, de cómo conseguirlo.

Sólo cuando nos conocemos a nosotros mismos en nuestra total dimensión podemos ocuparnos de lo que es importante para incrementar la calidad de nuestra vida. Las personas con quienes nos relacionamos a diario, en la medida en que respetan nuestros límites, nos ayudan a fortalecer el vínculo con ellas. Empieza a ser posible que busquemos a una persona en particular para relacionarnos con respeto por su espacio y su voluntad.

Cuántas veces, por no disponer del tiempo necesario para evaluar correctamente lo que nos sucede, tendemos a buscar soluciones transitorias que no abordan los problemas de fondo comunes a todos los seres humanos en este proceso tan difícil que es **VIVIR**.

Usted tiene los instrumentos en sus manos. No pierda

tiempo y utilícelos de la mejor manera posible. Le deseo buena suerte, y si siente que no puede hacerlo solo, no vacile en pedir ayuda, pues no cabe duda de que éste es el camino para conocer quiénes somos y por qué somos así. ¿No es un desafío apasionante? Adelante, entonces, **CORAJE**, pues usted irá al encuentro con su verdadera identidad.

❖ ❖ ❖

Busca dentro de ti

Busca dentro de ti la solución de todos los problemas,
hasta de aquellos que creas más exteriores y materiales.
Dentro de ti está siempre el secreto,
dentro de ti están todos los secretos.
Aun para abrirte camino en la selva virgen,
aun para levantar un muro,
aun para tender un puente,
haz de buscar antes, en ti, el secreto.

Dentro de ti hay tendidos ya todos los puentes,
están cortadas dentro de ti las malezas
y lianas que cierran los caminos.

Todas las arquitecturas están ya levantadas, dentro de ti.
Pregunta al arquitecto escondido.
Él te dará sus fórmulas.

Antes de ir a buscar el hacha de más filo,
la piqueta más dura,
la pala más resistente...
entra en tu interior y pregunta...

*Y sabrás lo esencial de todos los problemas,
y se te enseñará lo mejor de todas las fórmulas,
y se te dará la más sólida de todas las herramientas.
Y acertarás constantemente,
puesto que dentro de ti
llevas la luz misteriosa de todos los secretos.*

Amado Nervo

TERCERA PARTE
Hacia el éxito a través de una nueva identidad

Capítulo 7
El período de transición

> *No poseo la belleza de la perfección, la fuerza de la sabiduría, la mirada amplia del conocimiento. Sólo poseo el suave susurro... de la esperanza.*
>
> JOAN WALSH ANGLUND

Después de haber atravesado por situaciones que interpretamos como fracasos, o por períodos de alta conflictividad que nos han facilitado la tarea de volvernos hacia nuestro interior, se torna necesario evaluar cuál es nuestra situación actual.

Como hemos visto, en primer lugar nos volvemos hacia adentro, haciendo el intento de clarificar nuestros pensamientos, para recuperar ese pilar fundamental de la autoestima que es la confianza en nosotros mismos. Recién cuando sentimos que hemos recobrado el respeto por nuestra persona, y que estamos en condiciones de enfrentar nuevamente el mundo exterior, habrá llegado el momento de tomar contacto con nuestra nueva realidad.

En esta transición hay una serie de etapas que van del pensamiento a la acción, a las cuales en general no les prestamos mucha atención. Sin embargo, si actuamos con inteligencia veremos que son de capital importancia para nuestro futuro. Así como un chef de cocina invierte mucho más tiempo en la preparación de una comida que el tiempo de cocción en el horno, los seres humanos que, habiendo fracasado, apuntan sus baterías a una recuperación exitosa, se toman su tiempo para recorrer pausadamente estos tramos que los llevarán a conformar su nueva identidad.

Las etapas de la transición

He aquí algunos de los pasos a recorrer en este período:

- Eliminar los pensamientos sobre el pasado que desorientan nuestra mente.
- Aprender a pedir ayuda
- Gratificarnos por cada éxito alcanzado, por pequeño que sea.

Despedirse del pasado

Hay razones de peso para ensayar esta especie de ritual. Hay determinadas ceremonias que marcan justamente transiciones en nuestra existencia. Cumpleaños, compromisos, casamientos, despedidas, etc., todas ellas, y otras que no mencionamos, sirven como señal de que una etapa ha finalizado.

Sin embargo, con las experiencias vividas como fracasos, o los acontecimientos que se nos representan con un sentimiento de pérdida, no tenemos una actitud que marque un final y el advenimiento de un nuevo tiempo para nuestra vida. Si tenemos suerte, con el tiempo los efectos devastadores de la pérdida se desvanecen lentamente, pero no terminan en un momento fijado por nosotros.

Porque si hay algo desordenado por excelencia esto es la experiencia de un fracaso; ante él, lo que necesitamos es ni más ni menos que establecer una ceremonia de finalización. Al perder nuestra seguridad anterior, quedan en nuestros sentimientos aristas cortantes y peligrosas, que pueden interponerse en el camino futuro. Por eso es fundamental que nos libremos de estos recuerdos que, cual nubarrones de tormenta, pueden oscurecer el nuevo escenario que estamos intentando conformar.

Debemos luchar contra los sentimientos adversos que se han generado a propósito de lo que nos tocó vivir como fracaso porque, si no nos despedimos definitivamente de esas vivencias, cada vez que los recuerdos se interpongan nos harán sufrir severamente.

Es cierto que no es fácil eliminar por decreto lo que sentimos, por eso el objetivo de reconstrucción de nuestra vida debe ocupar la mayor parte de nuestro esfuerzo diario.

Otra razón para enfrentar el pasado e intentar ponerle un fin es la posibilidad de incorporar aquello de la experiencia pasada que pueda sernos útil, desechando todo lo que nos provocó dolor y sufrimiento. Las experiencias que nos toca vivir se incorporan a nuestra historia personal y pasan a formar una parte inseparable de nuestro ser.

Es interesante señalar que cada ser humano asume rituales de finalización de un modo diferente. Esto marca también lo que nos diferencia a cada uno, y pone en evidencia lo que cada individuo requiere para poner fin a una experiencia dolorosa. Mientras algunas personas vuelven a revivir la situación, retornando al escenario de su vivencia, otros eliminan de su vida esos lugares y las personas involucradas, como si nunca hubieran existido.

Otras veces, escribir lo sucedido sirve de catarsis para nuestros sentimientos negativos y nos ayuda a darle forma definitiva a la despedida.

Usted encontrará el medio que le sea más útil y que lo haga sentirse menos agraviado por la situación. No tenga temor y diseñe su propia estrategia. No olvide que el objetivo es pasar a la acción nuevamente, reinsertarse en el mundo con una cuota adecuada de confianza en usted mismo. Hágalo ya, y sienta que está avanzando por el camino de su recuperación. ¡No se arrepentirá!

Aprender a pedir ayuda

En tiempos difíciles, o cuando estamos atravesando por una crisis personal como consecuencia de alguna situación adversa, puede ser necesario pedir ayuda. No nos gusta, porque equivocadamente creemos que es una vergüenza, o que no corresponde, o que debemos encontrar soluciones por nosotros mismos.

Pedir ayuda a otras personas **NO ES UN SIGNO DE DEBILIDAD** ni debe producirnos vergüenza. Pedir ayuda forma parte del hecho de ser seres humanos. Probablemente tememos molestar a los demás, o creemos que la gente va a pensar que somos inútiles. En realidad, a lo que le tememos es a que, al comunicar lo que nos está sucediendo, estemos mostrando inconsistencia o debilidad de carácter para resolver nuestros conflictos.

Y cuando ya resolvemos esto y tomamos la decisión de comunicar lo que nos está pasando, en general nos equivocamos en la forma de hacerlo. Es tan grande el terror de que no nos escuchen que incide en cómo realizamos la solicitud de ayuda, asegurándonos así de antemano el rechazo tan temido.

"¿No sabes de algún tipo de trabajo?", dice la voz finita y sin mucha convicción de alguien que está realizando una consulta telefónica. La frase, que comienza con un

"NO" y es pronunciada con tono inseguro, allana el camino para que la respuesta sea negativa: "No, no, creo que no". El que estaba pidiendo ayuda termina la llamada como la víctima que había previsto ser... y se dice a sí mismo: "No hay duda, soy una carga pesada y nadie me va a ayudar".

He aquí una muestra más del poder del lenguaje sobre lo que nos sucede: según cómo pedimos ayuda, condicionamos el tipo de respuesta que nos darán las personas a quienes se la solicitamos.

Y esto ocurre no sólo cuando buscamos trabajo sino también cuando necesitamos pedir ayuda porque estamos atravesando por una etapa difícil en lo emocional.

Es por demás útil aprender el arte de pedir que alguien nos extienda una mano. Recordemos que todos necesitamos ayuda en algún momento de nuestra vida, y que usted tiene derecho a pedirle a otro ser humano con ascendiente sobre su persona que lo ayude, sin que eso signifique que usted sea menos valioso, ni su pedido un signo de debilidad o de derrumbe espiritual definitivo.

Veamos juntos algunos puntos que pueden serle de utilidad:

- **SEAMOS CONCRETOS EN NUESTRA SOLICITUD:** Si mostramos desorientación respecto de nuestra situación, estaremos presentando nuestro problema con una magnitud tal que el receptor del pedido se va a ver superado. Tendrá nuestro interlocutor la imagen de un pobre ser que cuenta sus penas y que le está rogando que le resuelva la vida. Obviamente que su reacción será no asumir ese compromiso. Nos esforzamos por no presentar una imagen de desolación ante la persona a la cual le estamos solicitando un consejo. Pues bien, para evitar esta situación tan desagradable, debemos ser claros y concretos al presentar nuestro pedido o explicitar nuestro problema, y en ese caso tendremos muchas posibilidades de lograr lo que deseamos. A modo de ejemplo, supongamos que estamos buscando un trabajo en el campo de la electrónica, y hemos hecho contacto con un ingeniero especialista en este tema. Si le planteamos que hemos estado evaluando el área laboral de su especialidad y le solicitamos quince minutos de su tiempo, reconociendo que es una persona muy ocupada, estaremos estimulando su deseo de ayudarnos, al demostrarle que hemos hecho nuestra parte y que no estamos esperando que él haga todo el trabajo y nos solucione nuestro problema.

- **SEAMOS POSITIVOS Y MANTENGAMOS LA CONFIANZA:** Todos los seres humanos tenemos opciones y posibilidades, aunque en primera instancia no seamos capaces de visualizar nuestras reales chances. En la medida en que logremos liberarnos de las etiquetas que nos aprisionan y estrechan nuestra mira hacia el futuro, podremos plantear a otra persona una ayuda efectiva. Debemos recordar que nadie quiere tener la sensación de que carga sobre sus espaldas a otro ser humano con problemas para resolver su vida.

- **ELIJAMOS EL IDIOMA PARA QUE EL INTERCAMBIO SEA LO MÁS EQUILIBRADO POSIBLE:** Si invitamos a nuestro interlocutor a "conversar", estamos instándolo a realizar un intercambio, en un proceso que involucra a dos partes. Nunca debemos olvidar que nuestro objetivo es evitar dar la sensación de que estamos perdidos y a merced de lo que nos puedan conseguir los demás.

- **Reconozcamos los méritos de nuestro interlocutor:** Cuando elegimos a alguien para que nos asesore u oriente en nuestro pedido de ayuda, es porque hemos sido capaces de apreciar sus valores o su manera de pensar. Si bien esto es así, a menudo nos olvidamos de expresar abiertamente nuestro reconocimiento.

- **No olvidemos enviar unas líneas de agradecimiento:** Si alguien ha usado su tiempo con nosotros, si ha dispuesto de un tiempo para atender nuestras demandas, es justo que lo reconozcamos mediante una llamada telefónica, o aún mejor, escribiendo unas líneas. De este sencillo modo demostramos que hemos sido capaces de apreciar el esfuerzo realizado por la persona que hemos elegido para que nos oriente. Estaremos actuando correctamente, lo que no pasará desapercibido por quien nos ha aportado una guía que a la postre puede haber sido importante en la toma de una decisión. A veces sentimos que no queremos importunar ni molestar más; sin embargo, si nuestro interlocutor verdaderamente se ha interesado en nosotros, querrá saber cuál ha sido el resultado de su intervención y nos agradecerá nuestro proceder.

GRATIFICARNOS POR CADA ÉXITO ALCANZADO,
POR PEQUEÑO QUE SEA

Una parte importante de este proceso de transición es recordarnos los éxitos obtenidos a lo largo de nuestra existencia. No cabe duda, y usted podrá en este momento entrecerrar los ojos y repasar su propia historia, para rescatar aquellos episodios de su vida que podría catalogar de exitosos.

Los fracasos y las derrotas generan emociones de tal magnitud que nos hacen olvidar de los éxitos genuinos, consecuencia de nuestros denodados esfuerzos por superarnos día tras día. Es lo que le sucede a un jugador de fútbol muy exitoso, que en un partido definitorio se equivoca y pierde la posibilidad de anotar un tiro penal: es muy probable que por mucho tiempo recuerde ese mal momento y no todos los triunfos que obtuvo el equipo por sus buenas actuaciones.

Es por eso que en este período de transición hacia la recuperación de la confianza en nosotros mismos es muy importante el restablecimiento del recuerdo de los éxitos pasados, e implementar mecanismos de gratificación por cada episodio que valoremos como un paso adelante en nuestra lucha por la supervivencia.

¿Cómo instrumentar esto? Veamos paso por paso. En primer lugar, repase su historia y anote todos los éxitos que recuerde haber logrado a lo largo de su vida. Éxitos que se diluyen en la amargura de los fracasos actuales; pero recuerde que, antes de que le fuera mal en lo que estaba haciendo, usted conoció también el éxito. No tema hablar de eso, y por lo menos dedique el mismo tiempo a hablar de sus éxitos que de sus fracasos.

La idea a construir es que en la transición estamos abriéndonos un nuevo camino en la vida, y vamos incorporando fuerzas a medida que avanzamos, paso a paso. Asumir que podemos dar un pequeño paso con éxito nos dará la confianza para intentar desafíos mayores.

En los tiempos de crisis quizá los éxitos no sean demasiado importantes, y eso es lo que nos obliga a reconocernos por cualquier tarea que emprendamos y que logremos terminar. No importa en qué rubro estemos realizando el esfuerzo, ya sea que preparemos un examen o que iniciemos un plan de alimentación para adelgazar o un curso de computación. Lo más importante es alcanzar el objetivo. Recordemos que estamos transitando por un camino que une el reconocimiento de la falta de confianza en nosotros mismos con la necesidad de respetarnos y hacer respetar nuestros límites. Somos personas capaces de realizar aquello que emprendemos, y esto no podemos olvidarlo.

En la transición, es probable que nos sintamos vulnerables y que como consecuencia de eso podemos volver a fracasar. Pero también es cierto que, mientras nos reprochamos duramente nuestros errores, olvidamos con mucha frecuencia felicitarnos por nuestros logros.

La parte más importante de la transición y de la reinvención exige que utilicemos a fondo nuestro pensamiento. Descubrir por qué hemos fracasado, aprovechar para buscar nuevas interpretaciones de nuestra historia, ampliar las opciones, son todos procesos que están en el ámbito del pensamiento.

Pero no es suficiente con pensar, pues luego es necesario salir nuevamente al mundo con la íntima convicción de habernos actualizado. Entre estas dos estaciones, la del pensamiento y la de la salida al mundo, existe este período de transición del que estamos hablando.

La idea es quitar obstáculos para obtener mejores posibilidades para el futuro inmediato. Algunos de los obstáculos vienen del pasado, de situaciones que aún no tenemos totalmente asumidas, y otros provienen de los autosabotajes que nos hacemos en el presente. El objetivo fundamental es recuperar nuestra autoestima, partiendo de la base de que es la clave para el éxito en nuestra existencia.

El autoconocimiento: nuestro mayor logro

La adversidad hace a algunas personas más fuertes, y a otras las destruye. Quién ha de sobrevivir y quién no lo hará no depende de la situación económica ni de los méritos que haya acumulado a lo largo de su vida; la supervivencia está vinculada a la fuerza interior, esa fuerza inconmensurable que tenemos los seres humanos que nos protege y no permite que los acontecimientos que nos toca vivir nos destruyan.

Es así como se torna casi imprescindible que en la transición logremos descubrir ese tesoro guardado en el centro de nuestra persona, que no va a permitir que la desesperanza gane nuestro pensamiento y que nos impulsará nuevamente a intentar recuperar la alegría de vivir.

El tesoro a encontrar es el autoconocimiento, que podemos visualizar desde ya como una de las ganancias más importantes que tienen las experiencias vividas como fracasos.

Una de las virtudes que tiene atravesar por este túnel de la transición es que nos ayuda a aprender a no alterarnos por cosas que, cuando las analizamos con mayor atención, comprendemos que no son tan tremendas. No obsesionarnos por problemas y preocupaciones insignificantes, reaccionando de una manera desproporcionada frente al hecho que los produjo, nos ayudará a preservar nuestra salud física y mental.

Los seres humanos nos enfrentamos a diario con numerosos ejemplos de "hechos insignificantes" a los que atribuimos una importancia desproporcionada.

Haga una lista de los acontecimientos vividos en esta última semana. Separe luego lo que considere "importante" de lo "insignificante". Recuerde luego cómo reaccionó frente a estos hechos, y verá cómo hombres y mujeres pasamos gran parte de nuestra existencia sufriendo por cosas que no tienen sentido, hasta el punto de perder por completo el contacto con la alegría de vivir y la armonía de la existencia.

Cuando podamos comprender el verdadero significado de la transición entre un pasado que ya se escribió y un futuro que depende de nuestra creación, emergerá el presente como el tiempo en que debemos realizar los cambios que nos ayuden a vivir la vida con una perspectiva diferente. Fluirá entonces una energía positiva, que nos hará volver a sonreír y redimensionar nuestra realidad.

La perfección no es la excelencia

También en este período de transición hacia el encuentro con la confianza y el respeto por nosotros mismos es necesario aceptar que la supuesta perfección en el trayecto de la vida no está premiada con el equilibrio y la paz interior. La búsqueda de la perfección (que no es lo mismo que la búsqueda de la excelencia) y la necesidad de lograr la paz interior están en contraposición y se repelen como lo hacen dos polos del mismo signo.

Si lográramos usar la mayor parte de nuestra energía en agradecer lo que tenemos, en vez de hacer hincapié siempre en lo que no hemos obtenido por distintas circunstancias, veríamos cómo cambia el cristal con que miramos el mundo que nos rodea. Cuando nos centramos en buscar siempre lo negativo, inevitablemente nos aproximamos a la insatisfacción y probamos el sabor amargo de la existencia.

Y esta necesidad de lograr la perfección, que sin duda está cubriendo otro tipo de carencias en nuestra vida, no se limita solamente a las exigencias con respecto a nuestra persona. También la hacemos extensiva a lo que nos gustaría que hicieran los demás. ¡Atención!: **Esto no significa que dejemos de hacer siempre el intento de hacer las cosas de la mejor manera posible.**

Significa que en la transición tenemos que esforzarnos por aprender a no centrarnos demasiado en los aspectos negativos y que, por más que seamos cultores de la Excelencia, también podemos estar contentos hoy por lo que hemos logrado.

¿Cómo hacerlo? La respuesta es ¡**ALTO**!, cuando adquirimos la costumbre de exigir que las cosas debieran ser de otra forma de la que son. Claro que debemos corregir aquello que nos hace sufrir, pero no intentemos llevar al extremo una perfección de vida que está en contraposición con la esencia misma del ser humano, que tiene virtudes y defectos que deberá corregir para lograr la armonía vital.

Seguramente, cuando logremos eliminar esa necesidad compulsiva de que todo sea perfecto, podremos comenzar a ver la vida en su justa dimensión.

La transición es el puente que une nuestro pasado, parte inseparable de nuestra historia personal, con un futuro que tenemos la suerte de poder elegir cómo queremos vivirlo. Recuerde el concepto de que mujeres y hombres debemos decidir lo que queremos y lo que no queremos para nuestra vida; y por aquello que hemos elegido como lo que sí queremos, debemos evaluar qué precio estamos dispuestos a pagar.

Esta elección nos ayudará a evitar permanecer en constante estado de tensión y temor frente a lo desconocido y a lo que vendrá... El riesgo es claro, pero la necesidad de transformar nuestro presente y nuestro futuro vuelca el platillo de la balanza en favor de aquello que queremos que suceda en nuestra vida.

Cortar la espiral del estrés

No es cierto que en el equilibrio y el logro de una mayor placidez en nuestra vida no estemos en condiciones de competir para alcanzar nuestras metas. Es exactamente lo contrario. Cuando actuamos con miedo y urgencia, invertimos una cantidad enorme de energía, lo que nos quita la creatividad y anula la motivación. Cuando sentimos que vivimos en un vértigo constante, sin posibilidad de detenernos, en realidad lo que estamos haciendo es frenar nuestro mayor potencial. Obtendremos lo que deseamos a pesar del miedo, pero no gracias a él.

Pero como la vida es una sucesión constante de decisiones que tomar, si consumimos nuestra energía en uno o dos acontecimientos, rápidamente estaremos en desventaja para abordar los pasos siguientes. Ser cuidadosos en la administración de nuestra energía y de nuestra salud física y emocional es una de las claves del éxito en la vida. Todo esto también forma parte del análisis del período de transición.

Por más que intentemos hacer más de una cosa por vez, esto es imposible. Tomar conciencia de este hecho nos acercará a la necesidad de trabajar en pos de nuestra paz interior. Cuando se sienta abrumado por la enorme cantidad de responsabilidades y roles que ha ido asumiendo a lo largo del tiempo, pregúntese: "¿He logrado realizar dos o tres tareas simultáneamente?" ¿Verdad que no? Entonces, ¿se ha fijado cuán irritable se pone cuando sus pensamientos no encuentran la salida correcta?

La sucesión de pensamientos y obligaciones encadenados unos con otros hace que, en determinado momento, suframos un desasosiego incontrolable. ¿Cree usted que ésta es la mejor manera de ser creativo y encontrar soluciones a sus problemas? Es obvio que no. Resulta incompatible sentirse bien y tener la cabeza totalmente ocupada con preocupaciones a las cuales no les encontramos respuestas.

Tampoco es posible continuar de esta forma; entonces se hace imprescindible comprender lo que está sucediendo dentro de nuestro cerebro, antes que se forme ese alud que luego se hace incontrolable. Si logramos hacer esto apenas comenzamos a sentir que la vida nos está desbordando, menos dificultades tendremos para detener el proceso.

Lo fundamental en la transición es cortar la espiral del estrés, que termina en una parálisis de la cual luego es difícil escapar. No importa cuán ocupados estemos. Recordemos que, agregando más problemas a los que ya tenemos, no contribuimos en nada a elevar nuestra autoestima, ni a dignificar nuestra existencia. Aunque estemos abrumados, busquemos la luz que ilumine nuestro camino y no vayamos al encuentro de las sombras que proyectan oscuridad sobre nuestros objetivos.

La transición nos muestra también cómo hemos vivido, en función de la necesidad de dar por terminadas todas las tareas que nos habíamos propuesto, antes de hacer nada por nosotros o por quienes nos rodean. Es tal el engaño que esto lleva implícito, que a veces transcurrimos gran parte de nuestra existencia sin darnos cuenta de que nos la pasamos sustituyendo unas tareas por otras nuevas.

Cuando estar ocupados es una excusa

Como tantas cosas en la vida, todo depende de la actitud. Todos tenemos "asuntos pendientes" que debemos terminar de hacer: llamadas telefónicas, reuniones, proyectos que formalizar y trabajos por procesar. De hecho, en lugar de querer quedarnos sin "asuntos pendientes", debiéramos aprender a observar que tener "asuntos pendientes" es esencial para esa planificación del presente y del futuro que estamos tratando de hacer en esta transición.

Independientemente de la profesión, empleo, o aquello a que dediquemos nuestros desvelos, recordemos que no hay nada en el mundo más importante que nuestro bienestar y paz interior. Si estamos obsesionados por dejar la carpeta de tareas en cero antes de mirar hacia adentro, nunca alcanzaremos nuestra meta.

Piense por un instante si el objetivo de la vida es conseguir hacerlo todo, para luego recién dedicar un tiempo a nuestra persona. La vida está llena de desafíos y sorpresas ante los cuales no podemos claudicar, y mucho menos olvidarnos del derecho a sentirnos bien, sean cuales fueren las circunstancias.

En esta etapa de transición es bueno hacer el balance de cómo hemos encarado estos problemas en el pasado y permitirnos fluir con las circunstancias que nos toca vivir.

Seamos flexibles y aprendamos a comprender que el día que no estemos físicamente presentes, todas las cosas que dejemos pendientes van a ser realizadas por alguien, o quizá caigan en el olvido.

Hacer, sí; ser creativos, sí; ser eficientes, sí; ser eficaces, también. Pero todos esos atributos deben volcarse también a nuestro equilibrio y bienestar, porque lo merecemos y, si no nos permitimos disfrutar de estos derechos básicos a la existencia humana, tengamos la certeza de que nadie va a mostrarnos el camino de cómo hacerlo.

La transición tiene que ser una etapa importante de nuestra búsqueda en pos del desarrollo de la autoestima, pero tiene que tener un comienzo y un fin porque, de lo contrario, entre el análisis del pasado y la configuración de los proyectos del futuro, nos olvidamos del momento presente, que es lo más importante.

Este momento presente hemos de aprovecharlo prescindiendo de lo que haya pasado hace tres años o de lo que hipotéticamente pueda pasar dentro de cuatro meses o dos años.

El presente es hoy, y la medida de nuestra paz mental estará determinada por nuestra capacidad para vivir el momento presente, sin preocuparnos por mantener un equilibrio perfecto de algo que no es perfecto por definición. Una vida es la sumatoria de vivencias tristes y alegres, de situaciones que nos provocan sonrisas o lágrimas, y esto es lo apasionante.

Si supiéramos de antemano qué nos espera en cada estación que hemos de atravesar, el aburrimiento ganaría nuestro espíritu y, en un espacio donde todo ya está definido y diseñado, perderíamos la motivación, la esencia misma del ser humano, que es ser responsables de las cosas que nos pasan y enfrentar los desafíos básicos a que la existencia nos expone.

Sin embargo cuando permitimos que los problemas del pasado y las preocupaciones especulativas sobre el futuro dominen nuestro presente, a corto plazo aparecen la desesperanza, la frustración y, muy probablemente, la depresión.

Mientras la vida se pasa sin que nos demos cuenta, postergamos las mínimas gratificaciones, las prioridades y nuestro bienestar, creyendo que "cuando las cosas estén mejor" será el momento para darnos el lugar que nos corresponde. Lamentablemente, actuar de esta manera, con los ojos puestos sólo en el futuro, nos hace ingresar en un círculo vicioso donde el "cuando las cosas estén mejor" se repite una y otra vez sin que el momento del respeto por nosotros mismos llegue jamás.

Que empiece la función

Una obra de teatro se ensaya una y otra vez hasta que llega el día del estreno, cuando todos los actores han llegado a conocer profundamente su papel. Cuando actuamos como si la vida fuera una obra de teatro, y ensayamos una y otra vez tratando de que no exista ningún error, estamos olvidando que no sabemos si estaremos vivos para el ensayo de mañana. El hoy, aquí y ahora, es lo que tenemos realmente y es el único tiempo y espacio sobre el que podemos ejercer cierto control.

Si centramos nuestra atención en la transición, veremos que en el tiempo presente no hay espacio para el temor. El miedo es una preocupación agregada, que tenemos por acontecimientos que podrían suceder en el futuro. La inseguridad, la incertidumbre, la salud, son algunos ejemplos claros de por qué nos preocupamos constantemente.

La mejor forma de combatir ese miedo es llevar nuestra atención nuevamente al tiempo presente. La transición transcurre en este tiempo presente. Es el encuentro del ser humano consigo mismo. Allí se generan todos los interrogantes y también las respuestas tan necesarias. Ganemos confianza, ganemos respeto por nuestros sentimientos, y habremos conquistado una parte importante de nuestra autoestima.

El arte de la paciencia

También la paciencia es algo que debemos aprender a cultivar en este período de transición. La paciencia es una de las cualidades que más han de ayudarnos a convertirnos en seres humanos más tolerantes.

El mundo moderno proyecta la imagen de la persona irritable, molesta, y que pierde el equilibrio con gran facilidad.

La paciencia aporta un espacio de sosiego y tranquilidad a nuestra vida. Es uno de los ingredientes fundamentales en la búsqueda de la paz interior. Y llevar a la práctica estos conceptos implica actitudes tales como abrir nuestros sentimientos al momento que vivimos, aunque sepamos de entrada que no nos gusta lo que estamos sintiendo.

Si tenemos una reunión importante y existen motivos que no nos permiten llegar puntualmente, abrirnos al momento presente es poner un freno al huracán que se desata en nuestra mente por la significación de la llegada tarde. En breves minutos la situación se nos habrá escapado de las manos y el impacto del estrés estará presente con toda su magnitud en nuestros cuerpos físico y emocional.

Sin embargo, también podríamos analizar la situación desde el punto de vista de nuestra integridad: pensar que conducir a alta velocidad en el tránsito complicado de la hora pico puede poner en riesgo nuestra vida, y nos recuerda a la vez que, en una escala de prioridades, llegar tarde, en este caso y en esta circunstancia, estaría totalmente justificado.

Ésta es la situación que se da cuando una persona tiene un accidente por tratar de llegar en hora a una reunión.

Los que lo estaban esperando para la reunión lo visitan en el sanatorio y le dicen: "La verdad es que ni la reunión ni la puntualidad son motivo para exponer la vida". Sin embargo, el que yace en la cama luchando por su vida consideró en aquel momento que llegar en hora era un símbolo de corrección.

¿Dónde dejó el respeto por sus cuerpos físico y emocional? Quedó hecho trizas en aras de demostrarles a los demás sus principios y sus valores. ¿Y la vida? ¿Qué valor tiene? Qué pequeña dimensión adquieren estos hechos ante la posibilidad de perder nuestra salud y nuestra integridad. Pregúntese: ¿Valió la pena? No cabe duda, en este ejemplo, que debemos respetar, en primer lugar, la vida y la salud, y evitar todo daño proveniente de actitudes intempestivas en el afán de demostrarles a los demás nuestra "perfección".

La paciencia es una de las cualidades que podemos aprender a desarrollar en los períodos de transición entre algo importante que nos ha sucedido y el presente que nos debe conducir hacia un futuro diferente, si queremos arribar a resultados favorables a nuestra persona.

Podemos diseñar espacios para ensayar la puesta en práctica del arte de la paciencia. Muchas veces la vida se convierte en un salón de clase; la materia, en este caso, es la paciencia. En el comienzo, bastan algunos minutos para hacerse la propuesta de fijar un tiempo durante el cual no nos hemos de molestar por nada ni por nadie.

Hagamos la prueba, y durante los próximos diez minutos no permitamos que nada ni nadie nos moleste. Seremos pacientes, y paralelamente descubriremos algo que nos llenará de asombro: la intención de no molestarnos ante nada y ante nadie, sobre todo si sabemos que es por pocos minutos, saca a relucir inmediatamente nuestra capacidad oculta de tener paciencia.

Éste es uno de los ejemplos en que el tener éxito alimenta una conducta positiva, pues una vez que hemos logrado mantener nuestra paciencia por períodos de diez minutos, comprendemos que tenemos la capacidad de ser pacientes incluso durante períodos de tiempo más prolongados.

Tanto es así que, con el paso del tiempo, es probable que acabemos por convertirnos en personas pacientes, y eso es un valor agregado de gran jerarquía, porque nos permite no perder la perspectiva en las situaciones que enfrentamos a diario.

En este período de transición, luego de las experiencias frustrantes que hemos vivido, ser pacientes nos permite incorporar estrategias para que, en una circunstancia difícil, podamos diferenciar cuándo estamos frente a una situación verdaderamente importante o simplemente frente a un obstáculo como tantos de los que tenemos que sortear en la lucha por la supervivencia.

Pensemos por un instante cómo podríamos resolver estas situaciones si no hubiéramos aprendido a desarrollar la cualidad de la paciencia. Las mismas circunstancias habrían desencadenado en nosotros un sentimiento de emergencia inminente, sumado probablemente a una hipertensión arterial, y en lo emocional a un sentimiento profundo de frustración y dolor, heridas en el alma que demoran mucho tiempo en cicatrizar.

Mirándolo bien, nada de eso vale la pena. No sigamos sufriendo con "cosas insignificantes", y aprendamos a ser más pacientes. Ganaremos mucho espacio en nuestras relaciones interpersonales, y años de salud física y emocional, que más adelante necesitaremos como el soporte básico de nuestros proyectos.

No siempre es importante tener la razón

Es cierto, no es sencillo actuar con inteligencia en un período de transición en que estamos tratando de conocernos y de establecer una relación de amistad con nosotros mismos, y somos muchos los que nos aferramos a resentimientos del pasado, originados en discusiones o agresiones verbales generalmente como consecuencia de acontecimientos dolorosos.

Y allí estamos, dejando pasar el tiempo, esperando que sea el otro quien dé el primer paso, convencidos absolutamente de que es la única forma de que podamos evaluar la posibilidad de extender un perdón que nos permita rescatar una amistad o un vínculo familiar.

Mientras vivamos aferrados a nuestro enojo lo que hacemos es convertir las "cosas intrascendentes" en "cosas importantes" dentro de nuestra conciencia. Y allí comienza un camino muy peligroso, que nos conduce a creer que nuestra actitud frente a los hechos del pasado tiene mayor jerarquía que nuestro bienestar. Y no es así.

Si queremos ser personas equilibradas para decidir sobre nuestro destino, tendremos que aceptar que tener razón casi nunca es más trascendente que sentirse bien o que ser feliz. Nadie pierde su lugar ni su orgullo si tiende primero la mano en la búsqueda de la reconciliación.

La vida no pasa por publicar quién tiene la razón. Dejar que otros también tengan la razón es, en este período de transición, de gran ayuda para que los demás no estén tan a la defensiva y tengan una actitud más contemplativa para con nosotros. Nunca debemos olvidar que el objetivo es recuperar la confianza en nosotros mismos y el respeto y la dignidad como elementos básicos y fundamentales para nuestra reconstrucción.

Sentirnos en paz y no desarrollar una actitud de enfrentamiento con nosotros mismos es imprescindible a la hora de diseñar el presente y delinear un futuro, en un mundo que en los últimos tiempos ha cambiado absolutamente las reglas de juego.

El tiempo es la mejor perspectiva

La perspectiva es un parámetro sumamente utilizado por los arquitectos y los ingenieros cuando desarrollan sus planos. ¿Y qué es un plano? Algo así como un mapa de ruta que sirve para entender qué es lo que se ha de construir o diseñar. Cuando aplicamos la perspectiva a la vida de los seres humanos, este parámetro nos permite cuantificar la importancia de los sucesos que tapizan el sendero de la existencia humana.

Cada vez que estemos inmersos en una situación conflictiva que no podamos resolver con la celeridad que quisiéramos, debemos preguntarnos si de aquí a un año la misma situación tendría similar repercusión sobre nosotros. Una vez cada tanto podemos encontrarnos con situaciones que son importantes, pero la mayoría de ellas, a medida que el tiempo pasa, pierden trascendencia, volviéndose irrelevantes dentro de esa perspectiva de la vida que tenemos que tener.

Nunca olvidemos la enorme cantidad de energía que invertimos en enojarnos o en sufrir desproporcionadamente por situaciones a las que el solo paso del tiempo quitará el grado de conflictividad con que se presentaron. No agotemos nuestras reservas al servicio del enojo, cuando podemos invertirlas en actividades creativas que nos ayuden a crecer y emerger de esta transición como seres humanos valiosos y respetuosos de nuestros sentimientos y valores éticos y morales.

Aunque la vida sea injusta

Otra de las afirmaciones que ganan espacio en la transición es la que sostiene la injusticia de la vida. Es cierto, la vida es injusta, pero es real. Desde hace mucho tiempo usted y yo sabemos que la vida está plagada de situaciones injustas. Pero ¿quién nos ha dicho que la vida iba a ser justa? No nos engañemos, y aunque no lo pueda creer, el reconocimiento de este hecho, aunque grave en sí mismo, puede ejercer un efecto liberador que no podemos prever.

Que aceptemos una realidad que no nos gusta no significa que no debamos hacer nuestros mejores esfuerzos para contribuir a erradicar la injusticia imperante; pero tampoco podemos crearnos un mundo irreal, donde no tomemos conciencia de cómo son las cosas.

Todos cometemos errores, y eso es la certificación de que pertenecemos al género humano, pero aun así uno de los errores más frecuentes es que sentimos lástima por nosotros mismos o por los demás, cuando pensamos que la vida debería ser justa o que algún día podría llegar a serla. Hoy no lo es, ni tampoco parece que en lo inmediato vaya a serlo.

Sentimos compasión por otras personas cuando hablamos acerca de las injusticias de la vida, sin apreciar que probablemente ésta nunca estuvo destinada a ser justa. La aceptación de esta injusticia tiene algunas cosas positivas, porque nos inmuniza contra el sentimiento de lástima por nosotros mismos, y nos estimula a hacer las cosas lo mejor posible, con las armas que poseemos.

La vida en sí misma no tiene por qué ser perfecta. Que lo sea o no va a depender de la actitud que asuma cada hombre y cada mujer, en consonancia con sus principios y con sus valores y con cada acto que lleve a cabo.

Aceptar que la vida no es justa, además de permitirnos no desarrollar lástima por nosotros, también nos permite evitar que sintamos lástima por otras personas. En primer lugar, la lástima no es un sentimiento productivo ni ayuda a la persona a superar sus conflictos. Pero también nos recuerda que las circunstancias que le toca vivir a cada ser humano son distintas, y que cada uno de nosotros en algún momento de nuestro paso por esta vida necesitamos tomar decisiones que van más allá de la justicia o no de la existencia.

El hecho de que la vida no sea justa no quiere decir que cada uno de nosotros no deba hacer todo lo que esté a su alcance para mejorar la suya propia o la del mundo en su conjunto. Sin duda es lo que deberíamos hacer.

La lástima, como ya hemos visto, es una emoción absolutamente derrotista que no beneficia a nadie; muy por el contrario, sólo consigue que todos se sientan aún más desgraciados.

Sin embargo cuando admitimos que la vida no es todo lo justa que nos gustaría, lo que sentimos por los demás y por nosotros mismos es compasión. Y la compasión es una emoción muy profunda que traduce afecto y comprensión a todas las personas que la experimentan.

Sumidos en nuestros pensamientos en esta importante etapa de transición, recordemos estos hechos básicos y seguramente nos sorprenderemos al comprobar que hemos dejado de sentir lástima por nosotros mismos, y que hemos transformado ese sentimiento en una fuerza incontenible, que nos orienta a querer hacer algo provechoso, que nos ayuda a crecer y desarrollarnos como personas útiles, en un marco social que requiere de nuestro aporte positivo.

Salir al mundo nuevamente con verdadera confianza

en nuestros pensamientos y en nuestras decisiones requiere del análisis de todos estos hechos, actitud que habitualmente evitamos, en el vértigo del cumplimiento de nuestras obligaciones. Sólo en la intimidad de un período de transición somos capaces de afrontar el desafío de contestarnos estos interrogantes.

Hay que parar para poder seguir

El intenso nivel de estrés que soportamos ante situaciones de pérdida o fracaso es otro de los puntos destacados a tener en cuenta en el período de transición. En nuestra sociedad tendemos a admirar a las personas que se encuentran sometidas a grandes presiones, y se nos invita a imitar esa postura.

Cuando esas personas concurren a una consulta médica, lo que persiguen es que las ayuden a aumentar aún más su tolerancia al estrés; hasta que naturalmente llega un momento en que su organismo no soporta más esfuerzo y claudica, enfermando y hasta muriendo.

Si aceptamos el pedido de esas personas estaremos ayudándolas a aumentar todavía más su confusión y responsabilidad, hasta que su organismo comience a enviarles señales de agotamiento o enfermedad.

En el orden emocional, por lo general hace falta algún tipo de crisis para hacerle entender a una persona sometida a los efectos del estrés que debe detenerse y rever su postura frente a la vida. Una enfermedad aguda, una adicción grave, un problema serio de pareja, son los indicadores que empujan a estas personas a buscar nuevas estrategias para sobrevivir, en este mundo competitivo y globalizado.

Es necesario detectar el estrés, que se ha convertido en

uno de los factores de riesgo de mayor importancia en la génesis de una multiplicidad de enfermedades, en una etapa temprana, antes de que tenga repercusión sobre nuestros cuerpos físico y emocional, y antes de que escape de nuestro control. ¿Cómo nos damos cuenta de esto?

- Cuando no podemos cumplir con el programa que hemos establecido para nosotros, debemos reconsiderar nuestras prioridades, y no ser obstinados tratando de abarcar todo.
- Cuando sentimos que no podemos controlar nuestra manera de reaccionar frente al cúmulo de tareas que nos hemos asignado, estando irritables e hipersensibles.
- Cuando percibimos a tiempo que nos estamos estresando por demás, podemos detenernos y cambiar nuestra actitud. Si permitimos que crezca desmesuradamente, adquiriendo impulso, será muy difícil detener las consecuencias.

Nuestra cultura nos obliga a preocuparnos por la posibilidad real de que no seamos capaces de hacerlo todo. Si comprendemos que con la mente limpia y en calma la carga de estrés desciende, seremos sin duda más eficaces y avizoraremos nuestro futuro con mayor claridad.

La creatividad es uno de los mejores antídotos contra el estrés cotidiano.

La importancia de esta etapa

En suma: **LA TRANSICIÓN ES UNA ETAPA NECESARIA PARA VOLVERNOS HACIA ADENTRO, Y PREPARARNOS PARA EL DIÁLOGO Y LA AUTOVALORACIÓN.** En momentos difíciles, las verdaderas respuestas a los problemas que nos aquejan están en lo más íntimo de nuestro ser.

Opciones tenemos muchas, todos tenemos posibilidades. Sólo tenemos que verlas, apreciarlas y llevarlas a la práctica. La transición es algo similar a la actividad que realizan los equipos antes de comenzar un campeonato. Es como una pretemporada, en que se pone a punto el estado físico y táctico de sus integrantes. Para nosotros también tiene un significado parecido: nos ponemos a punto para ver la vida desde un ángulo más favorable a nuestros intereses.

Ahora, si usted me acompaña, vayamos al encuentro del verdadero significado de tomar un café con uno mismo. Permítame que lo invite, porque yo también estoy necesitando de ese mano a mano con el alma que nos acercará también al concepto de la autovaloración. ¿Con azúcar o edulcorante?

❖ ❖ ❖

Queda prohibido

Queda prohibido llorar sin aprender,
levantarte un día sin saber qué hacer,
tener miedo a tus recuerdos.

Queda prohibido no sonreír a los problemas,
no luchar por lo que quieres,
abandonarlo todo por miedo,
no convertir en realidad tus sueños.

Queda prohibido no demostrar tu amor,
hacer que alguien pague tus dudas y malhumor.

DR. WALTER DRESEL

Queda prohibido dejar a tus amigos,
no intentar comprender lo que vivieron juntos,
llamarlos sólo cuando los necesitas.
Queda prohibido no ser tú ante la gente,
fingir ante las personas que no te importan,
hacerte el gracioso con tal de que te recuerden,
olvidar a toda la gente que te quiere.

Queda prohibido no hacer las cosas por ti mismo,
no creer en D'os y hacer tu destino,
tener miedo a la vida y a sus compromisos,
no vivir cada día como si fuera un último suspiro.

Queda prohibido echar a alguien de menos sin alegrarte,
olvidar sus ojos, su risa,
todo porque sus caminos han dejado de abrazarse,
olvidar su pasado y pagarlo con su presente.

Queda prohibido no intentar comprender a las personas,
pensar que sus vidas valen más que la tuya,
no saber que cada uno tiene su camino y su dicha.

Queda prohibido no crear tu historia,
dejar de dar las gracias a D'os por tu vida,
no tener un momento para la gente que te necesita,
no comprender que lo que la vida te da,
también te lo quita.

Queda prohibido no buscar tu felicidad,
no vivir tu vida con una actitud positiva,
no pensar en que podemos ser mejores,
no sentir que sin ti este mundo no sería igual.

Pablo Neruda

CAPÍTULO 8
La autovaloración. El verdadero significado de tomar un café con uno mismo

> *Soy solamente una persona: pero aun así soy alguien. No soy capaz de hacer todo, pero aun así soy capaz de hacer algo. No renunciaré a hacer lo poco que pueda.*
>
> HELEN KELLER

Los seres humanos deberíamos, en alguna de las tantas estaciones que atravesamos a lo largo de la vida, detenernos a firmar un tratado de paz con nosotros mismos. Cuánta energía malgastada a lo largo de los años en sucesos que hoy evaluamos como inútiles o como acontecimientos que no han contribuido en nada a nuestro crecimiento como personas.

Una mirada retrospectiva nos mostrará una película que ya hemos visto, porque somos los actores de un guión que nos enfrenta a una guerra contra un enemigo invisible. ¿Y quién es ese enemigo invisible? O dicho de otra manera, ¿por qué sentimos que es necesario pelear? La respuesta es que siempre hemos visto en las dificultades de la existencia un campo de batalla, donde nos hemos sentido constantemente acosados por enemigos.

Problemas de orden económico, la decepción con respecto a personas que merecían nuestro respeto, la no aceptación del paso del tiempo, la natural repercusión de éste sobre nuestro cuerpo físico y la incertidumbre sobre el futuro, han sido y siguen siendo una invitación para abordar nuevas batallas, en una espiral sin fin, que nos conduce a la autodestrucción.

¿Cómo firmar un tratado de paz con nosotros mismos, si aún tenemos enemigos que vencer? ¿Cómo deponer las armas, si diariamente libramos batallas que agotan nuestra fuerza? Todas las preguntas que podemos formularnos encierran en su núcleo la respuesta correspondiente, y en este caso, la respuesta es que debemos tomar conciencia y aceptar que la vida nunca fue nuestro enemigo invisible.

La autovaloración llega en la medida en que estemos dispuestos a levantar un muro de contención, frente a la desorientación que sufrimos respecto de nuestros verdaderos problemas y limitaciones. Cuando estamos dispuestos a buscar respuestas válidas a nuestras angustias y a nuestras ansiedades, también experimentamos un sentimiento de pacificación, que va a evitar que sigamos en una guerra sin sentido.

El enemigo invisible comienza a desmoronarse cuando, mediante el autodiálogo y la autovaloración, se develan los misterios y secretos que fueron los responsables de que estuviéramos involucrados en una guerra perpetua, una especie de insulto a la vida del cual nos liberamos cuando descubrimos los verdaderos orígenes de nuestros problemas.

La intensidad del rayo de luz que se desprende de nuestro interior ilumina un deseo inconmensurable de sana vitalidad, e ilumina también el sendero que nos conducirá a posicionarnos nuevamente en el esquema del

Universo, pero desde un ángulo diferente, ya no en la guerra indiscriminada, sino en la libertad de recrear seres humanos útiles a nosotros mismos, y a quienes nos rodean.

Rumbo al centro de nuestro ser

Cada hombre y cada mujer, a su debido tiempo y en momentos clave de su existencia, es llamado a realizar este viaje interior, que tendrá como destino final la revalorización de sí mismo, al amparo de la comprensión profunda de por qué somos como somos.

Aparece entonces una nueva energía vital, que aprenderemos a canalizar, a pesar de las turbulencias profundas que se producen en nuestro ser, las que sentimos como los vientos que borrarán las nubes que auguraban tormentas y huracanes en nuestra vida, para dar paso al Sol, que con su calor invita a la vida, la reflexión y la aceptación de nuestra realidad tal cual es.

Desaparece el enemigo invisible, se abre una dimensión desconocida para nosotros hasta ese momento y vamos descubriendo paso a paso quiénes somos, cuál es nuestra misión, y cuáles son los caminos que nos llevarán a la conquista de nuestro equilibrio y de nuestra paz interior.

Encontrar el camino para cesar la autocrítica destructiva, desprendernos de las culpas que no nos corresponden, aprender a decir que no sin sentirnos culpables, son algunos de los logros que en esa paz tan anhelada podemos visualizar y que durante años de combate estéril no fuimos capaces de darnos cuenta que eran los verdaderos culpables de nuestra desdicha.

Vivimos en un mundo extremadamente complejo, donde las fuerzas negativas libran una batalla constante con las fuerzas positivas. En medio de esa batalla, nos encontramos usted y yo, desamparados a veces, pero con una riqueza interior que está allí, intacta, esperando ser revelada, para elevar nuestros ojos y comprender definitivamente que la esencia del ser humano está muy por encima de ese juego malévolo de fuerzas que no tienen como objetivo la trascendencia del Ser, como máximo exponente de la Creación.

Una necesaria cuota de humildad

La autovaloración exige de una cuota importante de humildad. Exige reconocer que nuestro verdadero adversario, aquel que nos ha ofendido severamente, generando un sentimiento de hostilidad hacia los demás, aquel que nos ha hecho creer que la responsabilidad de nuestros fracasos estaba "afuera de nosotros", no es quien siempre hemos creído que era.

En la hora de la verdad, tenemos que admitir que los problemas no están con "los demás" o "allá afuera", sino que las barreras más infranqueables las hemos construido nosotros a lo largo del tiempo, determinando que el enemigo esté "aquí adentro", muy cerca de nosotros. Tanto que podemos sentir su calor, su respiración y su mensaje derrotista, que ha ido minando el sentimiento de confianza y de respeto por nosotros mismos.

Humildad, porque ser objetivo, imparcial y capaz de una autocrítica constructiva exige de nosotros una cuota considerable de madurez, que está dada por los ladrillos que hemos ido apilando para construir el edificio que nos ampara, pero al cual a veces nos hemos olvidado de ponerle ventanas, para poder observar tanto hacia fuera como hacia adentro.

Viaje interior hacia la luz

Un edificio sin aberturas, sin ventanas, es sinónimo de una vida que transcurre en las tinieblas, en la oscuridad, sin la oportunidad de valorar el pequeño rayo de luz que nos guíe hacia la reconstrucción y la reconciliación que nos permitan el reencuentro con lo mejor de nuestra persona.

¡Cuánto tiempo hemos permanecido al margen de la vida, lejos de la introspección verdadera, la que nos aproxima a los valores esenciales que todos tenemos, y que son los instrumentos con los cuales hemos de guiar la nave de la existencia a buen puerto!

Pero ha llegado el momento. Ese instante crucial en que todas las barreras que hemos cuidadosamente elaborado se derrumban para dar paso al nuevo Ser en el cual nos hemos de transformar.

No por mérito de nadie más que de la incontenible fuerza interior que nos conduce sabiamente por el camino de la rectitud, la sabiduría y el reconocimiento de nuestros principios, valores éticos y morales, los que, puestos al servicio de la revelación de nuestra verdadera imagen, nos permitirán proyectarnos hacia un futuro digno, basados en nuestros deseos, necesidades y sentimientos.

¡Ésa es la verdadera persona que es usted! ¿Pensó acaso por un instante si la imagen que usted representa es fiel reflejo de su verdadera personalidad? ¡Por qué seguir maquillando su ser! Quítese todo aquello que enmascare su verdadero valor. **TOME UN CAFÉ CON USTED MISMO, O CON USTED MISMA**, y conózcase; sí, eso: preséntese.

Le estoy hablando con total seriedad.

Es muy probable que comience a participar de una

de las experiencias más excitantes que haya podido imaginar.

Verá cuántas cosas tiene para decirse, para llorar y para reír; tiempo para la alegría y para la tristeza, tiempo para el pensamiento y para la reflexión, y tiempo para descubrir su misión en esta vida.

Haga proyectos, permítase disfrutar de aquello que sólo usted sabe que lo hace sentirse bien, aquello que, revisando su historia, lo aproxime a la imagen que quiere que los demás reconozcan en usted. Es una tarea no delegable. Es un tiempo que debemos tomar para ese encuentro tan singular con nuestro pasado, con nuestra historia, pero también con nuestro presente y con nuestro futuro.

No obstante, es cierto que estamos diariamente en contacto con situaciones que podemos interpretar como agresivas hacia nosotros, y que nos inclinan a pensar que "esos hechos" son los enemigos que enturbian la cristalinidad de nuestra existencia. Sin embargo "esos hechos" no son más que desafíos que la vida pone en nuestro camino, como si fueran obstáculos a superar en una carrera por llegar al final.

Todos podemos escuchar una voz profunda que emerge de lo más profundo de nuestro Ser, y que con el tiempo se convierte en el principal escollo a derribar. Esa voz profunda y grave es la que se enfrenta con nosotros y nos atormenta con su mensaje negativo, y nos hace sentir derrotados aun antes de intentar la lucha por una supervivencia digna.

Nadie, absolutamente nadie, es tan crítico con nosotros como nosotros mismos. Esas voces que resuenan como un eco entre las montañas nos hacen dudar de cada una de las decisiones que debemos tomar, desorientándonos e impidiendo que avancemos aun a riesgo de equivocarnos.

Queremos y necesitamos hacer las cosas tan perfectas que finalmente no avanzamos por miedo a errar y quedar en evidencia frente a los demás. Paso a paso, vamos deteriorándonos, paso a paso vamos creyendo cada vez un poco menos en nuestra capacidad, hasta llegar a destruir por completo nuestra autoestima.

Piense por favor por un instante, ¿qué rol juegan "los demás" en la historia de su vida? ¿Sigue creyendo hoy, a la luz de su propia experiencia, que el juicio que le merecen su propia persona y sus actos no debería estar antes que el juicio de los demás, aunque estas personas tengan gran influencia sobre usted?

Periódicamente parece que logramos controlar estos sentimientos mediante algunos "triunfos", transitorios, pero mientras no estemos dispuestos a trabajar en serio sobre nuestra autovaloración, derribando conceptos que siempre hemos creído válidos, el fantasma de la insatisfacción continuará tomando decisiones día tras día en contra de nuestros intereses.

Si frente a un dolor de cabeza persistente nos limitamos a tomar analgésicos que alivien nuestro sufrimiento, sin investigar en profundidad cuál es la causa del malestar, es obvio que la forma en que percibimos el problema nunca nos dará la respuesta adecuada. Solucionamos los síntomas transitoriamente y, es cierto, nos sentimos mejor, pero una vez que se agotan los efectos del medicamento tenemos el problema nuevamente en toda su magnitud.

Si confrontamos esta manera de proceder con la situación por la que atravesamos en nuestras vidas, observaremos que probablemente desde hace un tiempo hemos venido tratando de resolver algunas condiciones adversas que en realidad no se refieren a nuestros obstáculos principales, sin tener la fuerza y el coraje de enfrentar las causas centrales de nuestra insatisfacción.

Solemos pelear en distintos frentes, en esta difícil lucha por la vida, enfrentándonos a diario en batallas para proteger nuestra integridad, y agotamos nuestras reservas de energía, para comprobar luego que "esos enemigos" no son los responsables de nuestra frustración.

Si nuestra voluntad es solucionar definitivamente las dificultades que nos acechan en el largo trayecto de la vida, deberemos diagnosticar con precisión dónde están nuestros problemas, para luego buscar la manera de liberarnos de las ataduras que han sido las verdaderas responsables de que no hayamos podido crecer tanto como hubiéramos soñado.

Para llegar a un destino determinado necesitamos saber de dónde partimos y hacia dónde queremos llegar. Habitualmente nos valemos de mapas de ruta que nos indican las alternativas que podemos elegir para arribar hacia el punto final de nuestro viaje.

Nuestro punto de partida es hoy; la meta final, la autovaloración; el objetivo de la travesía es el autodescubrimiento, la investigación de nuestras áreas más sensibles, del lado profundo de la vida, de esos rincones prohibidos hasta el presente, y donde no dejaremos nada sin revelar.

Cuando hayamos arribado a nuestro destino, no seremos las mismas personas que cuando iniciamos la travesía, y el cristal con el que miraremos el mundo que nos rodea habrá sido cambiado. Esta nueva forma de interpretar nuestra realidad nos dotará de una fuerza interior que actuará como un verdadero ejército de defensa comandado por un general llamado **AUTOVALORACIÓN**.

Comprender las fuerzas positivas y negativas

Pero las palabras por sí mismas no alcanzan para que los procesos se desarrollen y podamos obtener aquello que anhelamos. Debemos comprender en profundidad cómo las fuerzas positivas y negativas se debaten en el interior de un ser humano para establecer un conflicto de intereses que habitualmente juega en contra del bienestar de esa persona.

La ausencia de bienestar o de equilibrio espiritual es un sinónimo de falta de autoentendimiento. El instinto de conservación evita que un individuo pueda hacerse daño en forma consciente. Pero cuando los roles están alterados, cuando la confusión gana la mente de los seres humanos, la agresión se produce amparada tras fuerzas que se mueven en el inconsciente.

Diversas denominaciones tienen estas fuerzas negativas; lo que verdaderamente importa es que existen y que son instrumentos que hacen que las personas se comporten automáticamente, sin pensar, actuando sin reflexión, objetivos ni metas claras que las conduzcan a un destino feliz.

En contraposición con estas fuerzas negativas que presionan sobre el individuo, se encuentran también otras fuerzas que se han denominado fuerzas de Luz, la Verdad: estados de conciencia que impulsan al ser humano a actuar, a estar en armonía con la Naturaleza, y a la búsqueda de ese lugar de privilegio para su desarrollo en el orden universal.

Las fuerzas positivas y negativas se encuentran en batalla constante por controlar nuestras actitudes y decisiones. Pero la existencia de estas fuerzas de signo contrario tiene un significado: podemos elegir llevar una vida que nos aproxime a la Excelencia, física y espiritualmente, o elegir el camino del deterioro del cuerpo y el alma, donde el miedo a vivir, las frustraciones y la guerra indiscriminada contra las circunstancias que parecen agredirnos, son nuestra actitud constante y cotidiana.

La experiencia personal, herramienta indispensable

Inconscientemente, a veces elegimos por un largo tiempo el permanecer en un estado de deterioro psíquico, con sentimientos profundamente negativos, que nos impiden ver con claridad que existen alternativas. Cuando las circunstancias nos permiten visualizar las opciones que tenemos, este descubrimiento se convierte en un potente estímulo que nos invita a recorrer un camino de reconstrucción, basados en la creencia de que somos dignos y merecedores del bienestar.

La experiencia personal es uno de los instrumentos más importantes a la hora de hacer el intento por transformar nuestras vidas. Las únicas verdades que nos ayudarán en este proceso son aquellas que nos han sido reveladas a través de la vivencia propia. Podemos recibir muchos consejos acerca de cómo crecer y desarrollarnos como personas útiles a nosotros mismos, pero las ideas superficiales, que no han tocado las fibras más profundas de nuestro corazón, no pueden crecer como elementos de sabiduría. Es por eso que sostengo una y otra vez que las verdaderas respuestas a los interrogantes fundamentales de nuestra existencia están dentro de nosotros y que, cuando somos capaces de ver la verdad por nosotros mismos, esa experiencia se convierte en una parte inseparable de nuestro proceso de crecimiento.

Una vez iniciado el proceso de autovaloración, el tiempo nos permite aumentar la claridad y la visión de verdades que han venido a quedarse y a formar parte de la nueva identidad que estamos creando. Gota a gota, el agua se convertirá en una generosa cascada que invitará a la contemplación, alimentando y adornando la existencia.

Para dar pasos concretos en pos de la conquista de la autovaloración, es necesario que hallemos nuevas verdades que sean cual una fortaleza indestructible que nos ha de acompañar de ahora en más, sin que nos abandone por un instante.

Comencemos por darles significados diferentes a palabras que se han de tornar imprescindibles en este trabajo por conquistar la autovaloración. Veamos, por ejemplo, el significado de la palabra **FUERZA**.

Todos tenemos el íntimo deseo de ser fuertes ante distintas circunstancias, pero parecería que no encontramos la fortaleza real que estamos buscando. En su lugar ponemos en juego algunas cualidades que nos dan, sí, una percepción de fuerza, pero que en términos reales nos debilitan.

La verdadera fuerza

Algunos ejemplos de actitudes nos ilustrarán mejor sobre la diferencia entre el falso sentimiento de ser fuertes, y la verdadera fuerza que nos impulsa a la autovaloración.

- Gritar o ser agresivo ante cualquier situación.
- Exigir que todo sea perfecto.
- Explotar en improperios cuando nos vemos frustrados.
- Culpar a los demás cada vez que tenemos dificultades.

Veamos ahora actitudes que nos identifican con la verdadera fuerza.

- Solucionar los problemas sin buscar culpables.
- Ver en los obstáculos desafíos para aproximarnos a nuestros objetivos.
- No necesitar de la aprobación de los demás para estar seguros de nosotros mismos.
- Mantenernos serenos en tiempos de crisis.

Entender las diferencias que existen entre las primeras actitudes y las segundas es fundamental para generar un cambio interior que nos brindará un vínculo con la vida totalmente nuevo, estimulante, creativo y de madurez intelectual.

Querer ser fuerte no puede ser la única meta, pues la experiencia nos muestra que la pretensión es sólo un estado transitorio, en la espera del llamado de la existencia para enfrentar los verdaderos retos, que son aquellos referidos a descubrir los adversarios internos que se han interpuesto hasta el presente en nuestro intento por autovalorarnos.

Aun así, la verdadera fuerza es una ayuda invalorable, en esta búsqueda de verdades indiscutibles, que deben enfrentarse al miedo, las preocupaciones y todos los elementos que concurren para derrumbar nuestras defensas, causándonos sufrimientos innecesarios y acumulando otra derrota en nuestra lucha por ser distintos.

Crecer de adentro hacia afuera

Cada individuo tiene una percepción personal del mundo que lo rodea. ¿Ha notado alguna vez cómo crece una planta? Mientras escribía este capítulo me puse a observar una planta que adorna mi lugar de trabajo, y que veo a diario, y la comparé con cómo era cuando la había recibido como obsequio dos años antes. Su tronco tiene ahora aproximadamente treinta centímetros más de largo, y sus hojas penden plácidamente de él, brindando generosamente su toque de verde al ambiente donde desarrollo mi actividad.

La planta ha crecido de adentro hacia afuera. También lo hace una herida, que se repara en el mismo sentido, de adentro hacia afuera. Sin embargo, cuando intentamos analizar el mundo que nos rodea, a veces nos equivocamos y vemos lo que pasa desde afuera hacia adentro.

¿Qué significado tiene este error en la apreciación de la realidad?

Al ver el mundo desde este ángulo percibimos la vida como una serie de acontecimientos que vienen hacia nosotros. Eso nos conduce a comportarnos hacia afuera, olvidándonos de la importancia de nuestros estados internos, que es la manera natural en que el contenido de nuestros sentimientos y pensamientos determina en realidad cómo interpretamos lo que podemos ver.

La vida no nos es proporcionada desde afuera, aun cuando ésta es la forma en que la percibimos. Todos tenemos una lista de cosas que necesitamos superar, en el camino hacia el logro de nuestra autovaloración:

- Nuestro pasado.
- La sensación de fracaso por no conseguir lo que necesitamos.
- La presión del mundo exterior.

Pero debemos darnos tiempo, porque las heridas que se cubren con rapidez demoran mucho más en sanar en su interior, del mismo modo en que, cuando intentamos curar una herida del alma haciendo hincapié sólo en los fenómenos externos, sin entender la naturaleza de la herida, lo que estamos haciendo es extender el área de la lesión.

Al igual que todos los seres vivos, los seres humanos estamos en un proceso evolutivo de adentro hacia afuera. El funcionamiento de nuestra mente, nuestras expectativas y nuestra manera de ser determinan cómo reaccionamos frente a los eventos que se suceden en nuestra vida, y marcan las diferencias de apreciación de acuerdo con cuál sea el lugar donde nos posicionamos para observar el hecho.

La autovaloración como punto de referencia

Siempre debemos evaluar los hechos en relación con nuestra autovaloración, en qué medida la interpretación que le damos a un acontecimiento vulnera la confianza y el respeto por nosotros mismos. ¿Hasta dónde debemos ceder nuestros límites? ¿Debemos fomentar la armonía de las relaciones humanas aun a costa de entregar nuestro espacio vital?

También es acertado señalar que cada acontecimiento en la vida de un ser humano tiene interpretaciones diferentes, en concordancia con el pensamiento de que nuestra existencia se despliega de adentro hacia afuera.

Pongamos como ejemplo una noche de tormenta con truenos y relámpagos. Para un profesional de la meteorología se tratará de un fenómeno natural, vinculable con modificaciones atmosféricas que están ocurriendo en el área. Para un pintor, en cambio, podrá ser fuente de inspiración para llevar a la tela la fuerza de la naturaleza en su máxima expresión. Y para una persona que esté atravesando una depresión, la noche puede convertirse en un tiempo interminable, que profundiza sus heridas y oscurece su pensamiento.

Estos ejemplos ponen de manifiesto las distintas interpretaciones de un mismo suceso, de acuerdo con el momento emocional que una persona esté atravesando. Pero más allá del momento, la interpretación tiene que ver con la postura, o el lugar en que nos ubicamos nosotros mismos con respecto al suceso que nos ocupa.

Si le diéramos a la autovaloración la jerarquía que merece; si nos tomáramos el tiempo para ejercer el respeto por nosotros mismos; si creyéramos más en nuestra mente y en nuestra manera de pensar, lo más importante para nosotros ya no sería conformar a los demás, sino establecer claramente nuestra línea de acción y los parámetros con que vamos a juzgar los acontecimientos, para que no nos dañen de modo innecesario.

Esto es asumir la responsabilidad de lo que nos va a suceder en la vida, como consecuencia de una postura personal, única, irrepetible, y que se identifica con los principios básicos con que manejamos nuestra existencia.

Poner fin al conflicto con la vida

Si vemos el mundo que nos circunda como un lugar hostil desde donde son lanzados ataques constantes contra nuestra persona, es comprensible que adoptemos una conducta defensiva. Y, si se fija, verá que es eso lo que usted está haciendo diariamente: invirtiendo una enorme cantidad de energía en defenderse.

Pero también pregúntese de qué o de quién se está defendiendo. En lugar de vivir la vida con la libertad y la plenitud que merece, usted sufre porque vive una batalla constante: cuando no está luchando, se halla preparándose para la próxima contienda, centrando su atención en lo que otros hacen o dicen, en lugar de atender sus genuinas necesidades, que obviamente surgen del interior de su ser.

La disputa entre lo externo y lo interno es lo más difícil de controlar en el sentimiento de una persona. Si elegimos estar en conflicto con la vida, nos aferraremos a continuar en guerra constante. Sin embargo, para aquellos que deciden elegir la vida real, todo puede ser distinto. Estas personas en algún momento se preguntarán con valentía: ¿Es posible ser nuestro propio enemigo? ¿Es posible que nuestros pensamientos y nuestros sentimientos estén en contra de la búsqueda de la paz interior?

Y la experiencia nos da la razón: es posible transcurrir toda la vida peleando contra molinos de viento, sin avanzar ni siquiera un milímetro, porque hemos detectado enemigos y agresiones hacia nosotros que en realidad nunca existieron. Trabajemos sobre nuestra conducta, porque es lo único que podemos modificar. El mundo seguirá andando sin que podamos influir en él, y habrá siempre personas que nos aprueben y personas que no estén de acuerdo con nuestro proceder, sumadas a un tercer grupo al cual nuestra presencia le será absolutamente indiferente.

Es preciso utilizar la energía con la que la Naturaleza nos ha dotado en acrecentar nuestras virtudes y detectar nuestros defectos, para convertirlos en nuevas virtudes que engalanen nuestra personalidad. La autovaloración es una joya que todos debemos anhelar poseer, porque ha de adornar positivamente el esfuerzo por ser cada día un poco mejores.

Para encontrar hay que buscar

Claro está que, para empezar, no podemos encontrar algo que no estemos buscando. Si no tenemos la intención de trabajar para lograr nuestra autovaloración, tengamos la certeza de que no la hemos de hallar. Lo que encontramos en la vida, o, mejor dicho, lo que llena nuestra vida día tras día, es siempre el resultado de aquello en lo que ponemos atención.

Cada hombre y mujer construye "su propio mundo", limitado por sus propios pensamientos, ignorando que más allá existe un mundo mucho más amplio y lleno de posibilidades, siempre y cuando estemos dispuestos a explorarlo. Y vivimos entonces atrapados en esa "realidad", dominados por el miedo, la tristeza y la desesperanza.

Estos sentimientos son fuertes, pero a la vez vacíos de contenido, ya que generan incertidumbre sobre el presente y el futuro de nuestra existencia. Vivir de este modo encoge nuestro círculo vital, y en la medida en que "nuestro mundo" se achica, la insatisfacción y la infelicidad crecen.

Y cuando somos parte indivisible de este estado inconsciente, no podemos entender que esa tristeza y esa infelicidad sólo pertenecen a ese mundo tan estrecho que hemos creado y que cerca, muy cerca, al alcance de nuestra mano, se encuentra un mundo fascinante que nos está esperando con sus desafíos, sí, pero también con sus recompensas. Un mundo que lo único que nos exige es que hagamos lo que nadie puede hacer por nosotros: **AUTOVALORARNOS** y **RESPETARNOS**.

Cómo conseguir la libertad

Quizás, a medida que usted se compenetra con la lectura de este capítulo, tenga la sensación de que no es completamente libre, y esté deseando verdaderamente experimentar esa vida sin limitaciones que merece disfrutar plenamente. Y la pregunta se hace obvia: ¿Cómo logramos plenamente esa libertad?

- Liberándonos de nuestro adversario interno.
- Conociéndonos a nosotros mismos.

Liberarnos de nuestro adversario interno será el punto final de un largo proceso en el cual debemos confrontarnos con nuestra historia personal, analizarla en profundidad, hasta llegar a la convicción de que merecemos autovalorarnos, y que debemos desarrollar nuestra autoestima, como condición básica para recrear una nueva identidad, libre de ataduras y de culpas infundadas.

Conocerse a uno mismo es un mandato de la Naturaleza. Cada uno nace con el cometido de descubrir su propia esencia. Pero no se nos enseña a buscar correctamente aquello que debemos encontrar. Sucede así que, en lugar de ir tras ese gran tesoro escondido en nuestro interior, orientamos nuestros esfuerzos hacia lugares, personas y cosas externos, con la esperanza de que al final del recorrido ellos nos revelen quiénes somos en realidad.

Sea cual fuere la respuesta que encontremos al final del camino, tendremos la sensación de que no hallamos lo que en realidad deseábamos. Es así que, si queremos encontrarnos a nosotros mismos, no hay otro camino que el autoconocimiento.

El estudio profundo de nuestro ser es la única opción si queremos encontrar la respuesta a la pregunta de quiénes somos en realidad. El autoconocimiento es el primer paso, que nos conducirá a fortalecernos y nos permitirá escuchar una voz que, aunque distante al principio, es nuestra propia voz, la que no sólo corrige la dirección que debe tomar nuestra vida sino que también nos abre las puertas para conectarnos con experiencias superiores, que nos acercan al bienestar.

Cuando hablamos de autoconocimiento, este vocablo puede incluir ciertos libros, conferencias, seminarios etc., que no son más que instrumentos de preparación: todo aporta. Lógicamente, si usted quiere hacer una travesía a nado a través de un río, buscará la información que le advierta de los peligros o le facilite el camino para que su intento culmine con éxito. Pero todos estos datos que usted puede recoger no lo acercarán un solo milímetro al verdadero conocimiento de su persona, en la medida en que no se resuelva a tomar la decisión de dialogar amigablemente con su ser interior.

La única manera de que pueda alcanzar la otra orilla del río será cruzándolo usted mismo. El autoconocimiento es algo personal, que requiere de un trabajo individual, por lo que aquellos que sinceramente desean el cambio deben hacer su propia experiencia. Como en toda propuesta que nos hacemos en la vida, debemos plantearnos cierta metodología para alcanzar nuestros objetivos. En el caso del autoconocimiento se requiere:

- **SER SINCEROS EN EL ANÁLISIS** constante de nuestro accionar, para poder evaluar la verdadera dirección que está tomando nuestra vida.
- **PARTICIPAR ACTIVAMENTE** día tras día, con el objetivo

de comprender nuestro interior y no buscar argumentos que justifiquen nuestra manera de tomar decisiones.
- **VER LA VERDAD** a punto de partida de un eje central de nuestro ser, aceptando la realidad tal cual es, independientemente de si estamos de acuerdo o no con ella.
- **DAR PASOS PEQUEÑOS**, pero seguros, hacia el cambio de nuestra persona, a punto de partida de evitar los temores que nos paralizan, encontrando respuestas válidas para nuestros sentimientos.
- **EVITAR LAS EMOCIONES NEGATIVAS** mientras dure el análisis de nuestro ser interior y definitivamente abandonar la costumbre de culpar siempre a alguien o a algo exterior a nosotros como responsables de nuestras desgracias.

Ninguna de estas condiciones nos es ajena, en lo que nos toca vivir a diario; todo depende de la disposición que tengamos para tomar decisiones acerca de nuestro crecimiento personal.

Nadie es capaz de comenzar a transitar el camino del autoconocimiento si no tiene una cuota suficiente de humildad. En realidad el verdadero "viaje" comienza cuando tomamos conciencia de cuán inconscientemente hemos vivido nuestras vidas.

Es una señal de sabiduría el reconocer que todo lo que creíamos que sabíamos no era más que una suposición. Renunciar a todo lo anterior e iniciar un camino, dispuestos a aprender, nos permite que la verdadera sabiduría y el genuino conocimiento interno crezcan sin límites.

Un café y muchas preguntas

Es extremadamente útil practicar el diálogo interno y aprender a "tomar un café con uno mismo", en el curso del cual nos plantearemos todas las dudas, inquietudes y frustraciones que nos han conducido a la necesidad de vencer de manera definitiva esas barreras, que no nos permiten valorarnos en la dimensión que merecemos.

Tomar un café con uno mismo tiene la virtud de hacernos entrar en contacto íntimo con las señales de nuestro yo interior, a la vez que nos permitirá tomar conciencia de nuestros verdaderos sentimientos, paso previo e ineludible para poder descubrir qué aristas de nuestra personalidad y de nuestra conducta no nos gustan y necesitamos cambiar para poder aprender a autovalorarnos.

¿Cómo tomamos un café que sea productivo para nosotros?

¿Qué preguntas debemos hacernos para poder iniciar un camino que nos conduzca hacia la autovaloración?

Hay diversas rutas para llegar al mismo destino final, pero veamos alguna sencilla, que no nos ponga en una situación difícil para poder comenzar.

- ¿Cómo soy?
- ¿Cuál es la imagen que tengo de mi valor personal?
- ¿Soy capaz de tomar decisiones que respeten mi espacio y generen límites naturales en mi relación con los demás?
- ¿Acepto mis errores y equivocaciones como hechos vinculados a mi condición humana, o estoy siempre en la búsqueda de lo perfecto?

Hay por supuesto muchas preguntas más, que configuran algo así como un test que puede llegar a reflejar cuál es nuestra situación en el momento en que tomamos la decisión de tomarnos un café con nosotros mismos.

Toda vez que sea necesario mirar en la profundidad de nuestro ser para crecer y curar heridas que mucho nos duelen, o luchar contra la adversidad, deberemos recurrir a tomar un café con nosotros mismos, lo que nos abrirá las puertas de ese acercamiento que sentimos como una necesidad que responde a un mandato superior de nuestra conciencia.

Pero para comenzar creo que estos cuatro interrogantes básicos pueden arrojar una imagen primaria de cómo nos vemos y de cómo estamos conduciéndonos en la complicada tarea de vivir a diario en un mundo que no nos perdona nuestras debilidades y donde la creatividad y la autoestima resultan dos instrumentos poderosos para la supervivencia.

Confrontar nuestras certezas

Una vez que encontremos respuestas a estas preguntas sobre nuestra persona, y que hayamos podido poner en práctica aunque más no sea cambios pequeños, estaremos en condiciones de continuar en este viaje interior con interrogantes más profundos, que probablemente conmuevan los cimientos de nuestro ser, pero que son necesarios para culminar este proceso de autovaloración.

- ¿Qué es lo que realmente siento?
- ¿Qué clase de sentimientos se refugian detrás de mis actos?
- ¿Tengo sentimientos que me perturban y me paralizan?

- ¿Cuáles son las áreas donde me siento menos cómodo: en el ámbito de la familia, en el laboral, en el social?

Estas preguntas sin duda harán temblar nuestras convicciones más profundas, porque están poniendo en tela de juicio nuestro comportamiento diario, pero no olvidemos que este análisis lo estamos haciendo café mediante, ante nosotros mismos. Por lo tanto, aquí no hay espacio para el temor ni para la vergüenza. Somos nosotros, solos ante el tribunal supremo integrado únicamente por cada uno.

Las respuestas pueden ser dolorosas, como comprobar que actuamos para complacer a los demás, tratando infructuosamente de establecer una armonía falsa, pues la logramos a expensas de lo que sentimos y queremos. Yo le pregunto, ya: ¿dónde está su autovaloración? Y probablemente usted deba contestar que nunca lo pensó así, que creyó que ésa era la mejor manera para, por ejemplo, mantener el equilibrio familiar.

Pero en el fondo usted siente que se ha postergado indefinidamente a la espera de un reconocimiento que hasta ahora no ha llegado; más aun, lo que llegó fueron más exigencias, porque usted perdió la referencia de los límites y los espacios propios, incluso su derecho al bienestar. Claro que aquí no existió nunca la autovaloración, y recién hoy, leyendo este libro, comprende la urgencia de recuperar los espacios cedidos, en aras de un respeto por lo que usted es y representa, y de aquello a lo que usted tiene derecho propio.

Sonría: la reconstrucción está en marcha

No se angustie, seque esas lágrimas que intuyo están queriendo desbordar sus ojos, porque no es bueno mirar para atrás, lo que puede generar un resentimiento o un odio que lo único que hará es consumir nuestra energía sin aportarnos nada productivo. Sonría, porque llegó el momento del encuentro con lo mejor de su persona. Hoy usted lo está descubriendo, al poner en marcha un proceso que lo llevará hacia una identidad cuyos derechos y sentimientos sean respetados, y que ya no permitirá más invasiones a sus doscientas millas marinas.

Recuerde: las doscientas millas marinas del ser humano son ese espacio propio, personal, donde nadie tiene derecho a incursionar sin nuestro permiso, y es el espacio para la realización personal. El pasado ya forma parte de su historia; ahora estamos en el presente y nos preocupamos por el futuro, para poder levantar nuestra frente bien alta, con un sentimiento de dignidad que será también reconocido y respetado por los demás.

Tiene derecho a estar triste, pero no eternamente. La tristeza es un sentimiento de vacío que lógicamente sigue a una herida o pérdida. Yo estoy tratando de ayudarlo a cicatrizar esa herida, y otras que usted pueda tener, con argumentos, con propuestas concretas que conduzcan a que usted incorpore entre sus sentimientos el de **AUTOVALORACIÓN**.

La recuperación de la confianza y el respeto por uno mismo, que se traducen en un concepto de autovaloración, no tienen época ni edad específica para ser puestas en marcha. Hoy es su día, no mañana ni el año que viene. Saquemos y dejemos afuera de nuestra vida todos esos desechos emocionales que hemos venido acumulando a lo largo de todos los años y que nos hacen sentir que hemos vivido equivocados.

La tarea de reconstrucción está en marcha. ¡Vamos, ánimo! Yo lo respaldaré desde aquí, porque soy consciente de que al principio necesitará de apoyo, de una contención que lo ayude a canalizar de manera adecuada todo aquello que surge espontáneamente en su mente, donde su vida se le representa como una película que está siendo mostrada a gran velocidad.

Pero… sírvame un café también a mí, así, tomando ambos un café con nosotros mismos, elaboraremos un diálogo aunque sea virtual, que a usted le hará sentir que no está solo o sola en esta tarea de reencuentro con su valor personal.

Avanzar significa ir tomando decisiones y entrar en acción. Defina con claridad tres preguntas clave:

- ¿Qué le resulta molesto, o qué aspectos considera usted que le desagradan de su persona o de su estilo de vida?
- ¿Qué necesita cambiar para sentirse mejor?
- ¿Qué desea realmente hacer de su vida, y cuáles son sus objetivos fundamentales?

No se asuste… aún estoy aquí, tomando café con usted, para auxiliarle en la elaboración ordenada de las respuestas. Claro está que el contenido de las respuestas le compete totalmente. Pero haga de cuenta que yo estoy junto a usted y pregúnteme lo que desee. Yo iré ayudándole a construir sus nuevas imagen e identidad.

¿Se ha dado cuenta de que el contenido de las preguntas arriba escritas únicamente puede ser contestado por cada uno de nosotros? Yo puedo acompañar su proceso para que usted no abandone el intento antes de llevarlo a cabo ni considere este esfuerzo como algo inalcanzable. Todo es posible en la vida, si nos lo proponemos. Por eso se lo estoy planteando. Por otro lado, tampoco debe pretender encontrar respuestas inmediatas para todas las preguntas. Tómese su tiempo… y verá los cambios.

Para estar seguro hay que arriesgarse

No hay ser humano que no dude antes de exponerse a algún riesgo. Pensar en la autovaloración como una meta significa un cambio en nuestra manera de pensar con respecto a nosotros mismos, y como tal, entonces, es un paso hacia lo desconocido hasta este momento.

Todos necesitamos seguridad para desenvolvernos en la vida, pero también nos hacen falta desafíos para nuestro desarrollo. Del equilibrio entre estas dos variables surgen el crecimiento y la dinámica de la existencia.

De ese modo, para mantener la seguridad, hombres y mujeres necesitamos correr riesgos, porque a través de la autovaloración obtendremos la única seguridad real, que es la *seguridad interior*. A ella accedemos mediante una constante reafirmación de nuestros derechos y obligaciones, y dando pasos firmes y concretos hacia la creación de una nueva imagen de nuestra persona.

El mandato interno es generar una nueva identidad, de la que la confianza y el respeto por nosotros mismos sean la tarjeta de presentación ante el mundo que, de esa manera, también habrá de respetarnos por lo que valemos como individuos que hemos realizado un trabajo interno que nos ha permitido rescatar los principios y valores más importantes, los cuales han de guiar nuestra acción de ahora en más.

Salir a estrenar una nueva imagen

Si usted quiere ver los resultados de su esfuerzo, deberá, ahora sí, salir del diálogo interno, terminar de tomar su café con usted mismo, y presentarse con su nueva imagen frente a un mundo que al principio se sorprenderá. Y ese mundo se preguntará: ¿qué le habrá sucedido a este hombre o a esta mujer?, porque usted tendrá ideas firmes, habrá aprendido a establecer límites y estará generando un respeto que hará que los demás se replieguen, dejando de invadir su territorio y considerándolo, ahora sí, de igual a igual. Ni más ni menos, sólo de igual a igual.

Eso será para usted un gran logro, un gran triunfo, pero una victoria que ha logrado obtener venciendo, no a los demás, sino a su principal adversario hasta el presente: usted mismo. Conseguir la autovaloración insumió de nuestra parte el deseo, la voluntad y, por sobre todas las cosas, una gran cuota de esfuerzo. Pero nada de esto será posible si no trabajamos en profundidad con nuestras creencias.

En la medida en que creemos que el cambio hacia una buena autovaloración es posible, también estamos admitiendo que podemos... y ya con ese pensamiento estamos autovalorándonos positivamente. Si nuestra mente no puede concebir y creer que va a ser posible, no podrá realizarlo.

De modo que si sentimos la íntima necesidad de transformar nuestra imagen hacia el exterior, pero también hacia nuestro interior, y comenzar a respetar nuestros deseos y necesidades, pero aún nos cuesta entrar en acción, revisemos nuestros automensajes y creencias.

El valor de nuestra propia compañía

El valor de tomar un café con uno mismo, reitero, está dado por la posibilidad de estar acompañados en una tarea que implica analizar, discutir y replantearse nuestras propias formas de ver el mundo, para saber si son reales, constructivas o si están cargadas de mensajes autoderrotistas. La autovaloración está en el otro extremo del espectro donde se ubican las creencias negativas. ¿Dónde está usted ubicado?

"¿Por qué habría de autovalorarme?", puede estar preguntándose. "¿Cuál sería el beneficio de cambiar mi imagen hacia mi entorno?"

Cuando vivimos pensando en que debemos ser totalmente aptos, eficaces y competentes en todos los aspectos, estamos dejando de considerarnos seres humanos para equipararnos con máquinas, sin tener en cuenta que aun las máquinas fallan.

Hay muchas creencias autoderrotistas que vinculan la autoestima y la autovaloración con los éxitos y fracasos que podemos cosechar a lo largo de la vida. Un ser humano como usted o como yo no es indigno o incapaz porque cometa errores. Por el contrario, éstos forman parte del aprendizaje de los seres humanos, desde nuestro nacimiento hasta nuestra desaparición física.

Esta "complacencia" con los resultados que obtenemos en la lucha por la vida no significa que no hagamos el esfuerzo por mejorar y por revertir los fracasos, pero aprendiendo a separar la autovaloración, que es la esencia misma de la autoestima, de los balances que hacemos sobre nuestro accionar.

Cuando perdemos la perspectiva de qué somos y quiénes somos, identificándonos solamente con ideas de perfección y de éxito constante, corremos el riesgo de meternos en un callejón sin salida, no sólo porque al cometer errores nos sentimos profundamente desgraciados sino, y esto es peor, porque el temor a equivocarnos y volver a sentirnos desdichados por los resultados nos induce a ni siquiera intentar muchas cosas.

Aceptar que podemos fracasar cuando hacemos un intento no se contrapone en nada al concepto de autovaloración; por el contrario, nos está advirtiendo que pertenecemos al género humano y solamente por eso somos seres falibles con capacidad para observar las causas de nuestros errores y corregirlos, e insistir una y otra vez hasta llegar a obtener lo que buscamos.

Ninguno de nosotros puede sentir vergüenza por un fracaso, mientras no entreguemos a los demás el poder de juzgarnos. El temor a la crítica y la desaprobación es otro de los factores que nos conducen a la parálisis, por no poder admitir que el hecho de que fallemos no le da autoridad a nadie para emitir juicios sobre nuestra persona. Los mensajes autodestructivos se oponen al concepto de la autovaloración.

Es normal que no nos agraden la crítica o la desaprobación ajenas, pero esta actitud es un riesgo inevitable de cualquier acto que realicemos, habida cuenta de que nos manejamos en un marco social que nos está observando permanentemente. Hasta dónde nos hace daño dependerá de nuestra actitud mental y de la autovaloración a la que hayamos podido llegar mediante el desarrollo de nuestra autoestima.

Aprendamos a apoyarnos más en nosotros mismos y en lo que pensamos sobre nuestras actitudes, a confiar en nuestro propio criterio de evaluación. Así, el dolor generado por la crítica ajena será más leve y podremos sobrellevarlo mejor.

Autovalorarse es asumir la responsabilidad de cambiar algunos aspectos fundamentales de nuestra vida, cuando comprobamos que ella no es satisfactoria, tomando la decisión de presentarnos ante los demás con una nueva imagen, más sólida, menos vulnerable, y producto de haber puesto en práctica un autodiálogo constructivo.

¿Y después del café?

¿Qué podemos esperar en esta nueva etapa de nuestra vida?

Tomar un café con uno mismo, humeante y revelador, nos ayudará a modificar creencias y actitudes mentales, hasta que podamos obtener por lo menos dos pilares fundamentales:

- **ESPERANZA**, que traduce el deseo de obtener algo y la creencia de que ello es posible.
- **FE EN UNO MISMO**, esto es, la creencia en nuestras propias fuerzas para obtener algo, y el valor agregado de intentarlo, aun corriendo el riesgo de fracasar.

Esperanza y fe son dos fuerzas extremadamente poderosas que nos motivan e impulsan a la acción. Aparece desde lo más profundo de nuestro ser una energía creadora y estimulante basada en la **AUTOVALORACIÓN**, que no es otra cosa que tomar la decisión de apoyarnos en nosotros mismos. Si a esa acción le sumamos el compromiso y la entrega total, obtendremos finalmente cambios significativos en la relación con nuestro entorno.

Compromiso es la acción e interacción con los demás seres humanos y con el mundo que nos rodea, agregándole la responsabilidad de nuestros actos, respetando deseos y necesidades propios, pero manteniendo la consideración acerca de los deseos y necesidades de los demás.

Entrega total significa emplear al máximo nuestras capacidades y nuestros talentos, brindando lo mejor de nosotros mismos, siendo perseverantes y teniendo siempre en cuenta cuál es el objetivo final, con la convicción de que no hay duda de que hemos de llegar.

A medida que obtengamos pequeños resultados o cambios que sustenten la autovaloración, estimularemos la confianza en nosotros mismos, o sea, creeremos en nuestras propias fuerzas a través de la acción constante.

La confianza en uno mismo, en la medida en que crece, nos estimula a tener una imagen o concepto de nosotros mismos mucho más fortalecido.

Un ser humano que se autovalora es capaz de tomar decisiones, asumir la responsabilidad de su propia vida y desarrollar una buena dosis de tolerancia a la frustración. Esto significa que éxitos y fracasos son aceptados como anverso y reverso de una moneda con la cual nos manejamos cotidianamente.

Luego de todas estas apreciaciones, sea sincero o sincera: ¿Verdad que usted asume el compromiso, desde este momento, de trabajar por su autovaloración?

Con su permiso… sírvame otro café por favor… el camino es largo…

❖ ❖ ❖

Abriendo puertas sin miedo...

En una tierra en guerra, había un rey que causaba espanto: a sus prisioneros, no los mataba... los llevaba a una sala donde había un grupo de arqueros de un lado, y una inmensa puerta de hierro del otro, sobre la cual se veían grabadas figuras de calaveras cubiertas de sangre...

En esa sala, les hacía formar un círculo y les decía:
—Ustedes pueden elegir entre morir a flechazos por mis arqueros o pasar por aquella puerta... detrás de esa puerta, YO LOS ESTARÉ ESPERANDO.

Todos elegían ser muertos por los arqueros...
Al terminar la guerra, un soldado que por mucho tiempo había servido al Rey, se dirigió al soberano:
—Señor, ¿puedo hacerle una pregunta?
—Dime, soldado.
—Señor, ¿qué hay detrás de esa puerta?
El rey contestó:
—Ve, y mira tú mismo.
El soldado abrió temerosamente la puerta, y a medida que lo hacía, rayos de sol entraron y la luz invadió el ambiente...
Finalmente sorprendido, descubrió que la puerta se abría sobre un camino que conducía... ¡a la LIBERTAD!
El soldado, embelesado, miró a su Rey, quien le dijo:
—Yo les daba la oportunidad de hacer una ELECCIÓN,

¡pero por temor preferían morir a arriesgarse a abrir esta puerta!

¿Cuántas puertas dejamos de abrir por miedo a arriesgar?
¿Cuántas veces perdemos la libertad y morimos por dentro, sólo por sentir miedo de abrir la puerta de nuestros sueños?

Autor anónimo

Capítulo 9
De proa hacia un nuevo horizonte

> *Las personas siempre culpan a las circunstancias de lo que son. Yo no creo en las circunstancias. La gente que avanza en este mundo es la que persigue y busca las circunstancias que desea y, si no las encuentra, las crea.*
>
> George Bernard Shaw

Una vez que hemos recorrido los caminos del autoconocimiento y la autovaloración, y habiendo incursionado en lo más íntimo de nuestro ser a los efectos de descubrirnos tal como somos y tal como actuamos, nos encontramos en las mejores condiciones para iniciar la travesía que nos llevará hacia un nuevo horizonte.

Una nueva identidad, una nueva persona, emergerá como consecuencia del trabajo serio y profundo que hemos realizado a fin de establecer una relación de amistad con la confianza en nosotros mismos, y de aprender a utilizar el respeto por nuestra persona como un instrumento para marcar los límites tan necesarios en el contacto con los demás seres humanos.

Luego de haber leído las distintas secciones y capítulos que contiene este libro, seguramente usted ha tomado conciencia de la importancia que tiene desarrollar una sana autoestima como clave del éxito en la vida, en cualquiera de los ámbitos y roles en que nos desempeñamos en nuestro quehacer cotidiano.

Sin embargo aún nos resta incursionar en nuestros proyectos, objetivos y, sobre todas las cosas, en algo trascendental en nuestra existencia: hallar cuál es la misión que debemos cumplir, para qué hemos sido llamados y cómo esa misión debe identificarse con lo que brota de nuestros sentimientos y nuestra razón.

Aun haciendo uso de nuestra nueva imagen, tendremos que superar algunos escollos importantes que tienen que ver con nuestra anterior manera de interpretar los acontecimientos, que va a estar allí al acecho para enviarnos mensajes subliminales que nos digan que es mejor volver a los viejos patrones de conducta, porque son conocidos, y por lo tanto implican menos riesgo de fracasar.

¡Mucho cuidado! No olvidemos que la nueva persona que pretendemos ser está fresca, recién elaborada, y por lo tanto, si no la tratamos adecuadamente, corremos el riesgo de que, cual si fuera una torta recién sacada del horno, se deforme o pierda volumen si no cumplimos con las recomendaciones de la receta.

Metas positivas versus emociones negativas

El objetivo primario que nos identifica a mujeres y hombres es encontrar el equilibrio y el bienestar que nos permitan avanzar hacia nuevos horizontes. Sin embargo estos dos anhelos básicos aparecen en la vida cotidiana como conquistas que nos obligan a desplegar batallas que nos insumen enormes cantidades de energía.

¡Cuántos obstáculos se interponen entre nuestra voluntad y nuestra necesidad, y la posibilidad real de acceder a estos dos ingredientes fundamentales para la armonía de nuestras relaciones con el mundo que nos rodea!

En el tránsito por los caminos de la vida nos sentimos atraídos hacia dos direcciones simultáneamente: la meta del equilibrio y el bienestar nos estimula a avanzar, a luchar, a utilizar todos nuestros recursos, pero, al mismo tiempo, los mensajes que nos enviamos a través de las emociones negativas y los comportamientos destructivos frenan nuestro intento. Es como si, mientras conducimos un vehículo, estuviéramos presionando simultáneamente el pedal del acelerador y el del freno, preguntándonos por qué no conseguimos avanzar.

Si nosotros permitimos que las emociones negativas, y los sentimientos que esas emociones generan, continúen conduciendo nuestros destinos, está muy claro, y usted acordará conmigo, que estaremos muy lejos de poder alcanzar nuestros objetivos.

Lo que necesitamos es despertar. Abrir los ojos y el alma para entender en toda su dimensión lo que nos sucede. Despertar a la realidad de que lo que está impidiéndonos lograr nuestros objetivos son los sentimientos, obstáculos insalvables hasta que tomamos la decisión de revisarlos en profundidad.

Los sentimientos funcionan como un verdadero imán que atrae lo que proyectamos en el interior de nuestra persona. Y lo cierto es que los sentimientos rigen en gran medida nuestra vida. De acuerdo con qué tipo de sentimientos sean los que predominen, estaremos más cerca o más lejos del éxito, el bienestar y la confianza en nosotros mismos.

Y es tal la relación de confianza que experimentamos con nuestros sentimientos, que nos aferramos a ellos mientras pensamos que son ellos los que están íntimamente unidos a nosotros. Podemos instrumentar proyectos grandiosos para el logro de nuestro bienestar, pero en determinado momento, y sin que nos demos cuenta, por supuesto, los sentimientos toman el mando y nos envían mensajes, señales que nos hacen dudar y perder el control de nuestro destino.

Lo esencial para acceder a nuestras metas es trabajar para aprender a liberarnos de los sentimientos negativos, que siempre nos agregan una cuota de desvalorización importante de nuestra persona, que ya no viene del exterior, sino que es propia, genuina, proveniente desde el centro mismo de nuestra persona.

Y allí deberemos hacer una limpieza quirúrgica para eliminar viejas heridas, errores y fracasos de nuestro pasado que ya forman parte de nuestra historia personal, pero que no tienen en realidad peso sobre nuestras decisiones. Es el presente el que tenemos que manejar, y es el futuro el que debemos soñar. Quedar atrapado en las experiencias negativas del pasado es amordazar nuestra voluntad de cambio.

¿Por qué nos cuesta tanto ver dónde están nuestras limitaciones? La mayoría de nosotros nos damos cuenta de que hay cosas que no van bien, que nos falta algo estimulante en la vida, pero tenemos serias dificultades para identificar cuál es nuestro problema y, en consecuencia, qué hacer al respecto.

La vida está llena de desafíos y dificultades para ser sorteados por quienes habitamos este planeta. Sufrimos diariamente sin tomar conciencia de que todo lo que necesitamos para eliminar ese dolor lo tenemos muy cerca.

El dolor y el sufrimiento parten de nuestros corazones y nuestra manera de enfocar la vida, que produce en nosotros una profunda confusión. Si postergamos indefinidamente la tarea de ver dónde se están generando los problemas, o qué son en realidad, lo que logramos es aumentar su fuerza y su capacidad para hacernos daño.

Todos anhelamos no tener problemas; sin embargo, también es cierto que nadie ha podido librarse, ni quizá se libre jamás, de enfrentarse a dificultades. La solución, de proa hacia un nuevo horizonte, es descubrir una nueva manera de observar la verdadera naturaleza de nuestras limitaciones, para identificar lo que son y dónde se originan.

Sólo podemos curar una enfermedad si somos capaces de efectuar un diagnóstico certero y tratar las verdaderas causas de la dolencia en cuestión. Aquí también se trata de llegar a los fundamentos, la causa madre de nuestros sufrimientos, y luego, con todos los elementos a nuestra disposición, actuar en consecuencia.

Y ésta es una tarea que nos es encomendada a cada uno personalmente cuando tomamos la decisión de autovalorarnos y sentimos la necesidad de elevar nuestra autoestima. Descubrir nuestros propios sentimientos, como el propio planteo propone, es una tarea personal, individual e intransferible. Es desmalezar el terreno y abonar la tierra para sembrar hoy y cosechar mañana.

Hay un relato atribuido a Osho que dice así:

> *"La vida es vivir. No es una cosa, es un proceso. No hay otra forma de conocer lo que es la vida más que viviendo, estando vivo, fluyendo, discurriendo con ella. Si buscas el significado de la vida en algún dogma, en una determinada filosofía, en una teología, da por seguro que te perderás lo que es la vida y su significado".*
> *La vida no te está esperando en ninguna parte: está sucediéndote. No se encuentra en el futuro como una*

meta que has de alcanzar: está aquí y ahora, en este mismo momento, en tu respirar, en la circulación de tu sangre, en el latir de tu corazón. Cualquier cosa que seas, es tu vida, y si te pones a buscar significados en otra parte, te la perderás. El hombre ha estado haciendo esto durante siglos.

Los conceptos se han vuelto muy importantes, las explicaciones se han vuelto muy importantes y lo real ha sido olvidado por completo. No vemos lo que de hecho ya está aquí, queremos racionalizaciones.

Oí una historia...

Hace unos años un norteamericano de renombre tuvo una crisis de identidad. Buscó la ayuda de la psiquiatría, pero no resolvió nada, porque no encontró a nadie que pudiera revelarle el significado de la vida, que era lo que él deseaba conocer. Poco a poco se enteró de la existencia de un venerable e increíblemente sabio gurú que vivía en una misteriosa y casi inaccesible región de los Himalayas. Llegó a creer que solamente ese gurú le podría revelar lo que la vida significaba y cuál debía ser su destino. De modo que vendió todas sus posesiones y empezó su búsqueda del gurú que todo lo sabía. Estuvo ocho años yendo de pueblo en pueblo por todos los Himalayas, buscándole. Y un día acertó a encontrarse con un pastor que le dijo dónde vivía el gurú y cómo debía llegar a ese lugar.

Tardó casi un año en encontrarle, pero lo consiguió. Se presentó ante el gurú, que desde luego era venerable y tenía más de cien años. El gurú accedió a ayudarle, especialmente cuando escuchó todos los sacrificios que el hombre había realizado buscándole.

—¿Qué es lo que puedo hacer por ti, hijo mío? —le preguntó el gurú.

—Necesito conocer el significado de la vida —le contestó el hombre.
A lo que, sin dudar un instante, replicó el gurú:
—La vida —dijo— es un río sin fin.
—¿Un río sin fin? —dijo el hombre con asombro—. ¿Después de recorrer todo este camino para encontrarte, todo lo que tienes que decirme es que la vida es un río sin fin?
El gurú se quedó estupefacto, anonadado. Se enfadó mucho y le dijo:
—¿Quieres decir que no lo es?

NADIE PUEDE DARTE EL SIGNIFICADO DE TU VIDA. ES TU VIDA Y EL SIGNIFICADO HA DE SER TAMBIÉN EL TUYO. LOS HIMALAYAS NO TE SERVIRÁN DE AYUDA. NADIE MÁS QUE TÚ PUEDE ENCONTRARLO. ES TU VIDA Y SOLAMENTE ES ACCESIBLE A TI. SOLAMENTE CON EL VIVIR TE SERÁ REVELADO EL MISTERIO.

La vida lleva implícita en su definición la existencia de problemas y la necesidad de enfrentarlos. Los problemas son una realidad incontrastable de la condición humana. Y dirigirnos a la conquista de un nuevo horizonte no nos ha de eximir de la tarea de asumir y eliminar esos problemas, que, como las malas hierbas, aparecen y crecen sin que nadie los haya plantado ni cuidado. Sin embargo las flores crecen, se marchitan y mueren, aunque nuestro deseo sea que continúen viviendo.

Gran parte de nuestras insatisfacciones tienen su origen en nuestra dificultad para aceptar la realidad como es. Deseamos que la realidad sea distinta de lo que es, y no llegamos a comprender que sólo podremos modificar nuestro presente si aceptamos que las cosas son como son, estemos de acuerdo o no con ello.

La vida es una verdadera travesía, una travesía que debiera consistir en un ejercicio constante de acercamiento e intimidad con nosotros mismos para llegar al autoconocimiento verdadero. Saber cómo somos es comprender por qué reaccionamos y actuamos como lo hacemos.

Encontrarse con el bienestar exige de nosotros comprender tres cosas fundamentales:

- La vida no es infinita. La vivimos paso a paso.
- Somos merecedores del bienestar y de la felicidad.
- Cada uno de nosotros es su propio refugio, y en él está nuestra protección.

La trampa de lo conocido

El ser humano es un ser completo desde su creación. Por lo tanto, no necesita de nada externo para alcanzar su equilibrio y su felicidad.

Levantar nuestra mirada hacia un nuevo horizonte también requiere de nosotros ciertos reconocimientos, tales como que nos refugiamos en lo conocido, porque eso es lo que sabemos y eso es lo que creemos que somos; allí nos encontramos cómodos y con una ilusión de seguridad, sin advertir que esa falsa seguridad puede llegar a desmoronarse de un momento a otro.

Pero de todos modos, es lo que hemos venido haciendo toda la vida. ¿Por qué continuamos aplicando nuestros viejos criterios? Muy sencillo: porque supuestamente no presentan riesgos. Tiene que haber acontecimientos muy conmocionantes en nuestra vida para que abandonemos nuestras creencias acerca de cómo debe ser la existencia.

Y eso es lo que habitualmente sucede. Cuando nos vemos enfrentados a situaciones que nos obligan a hacer cambios en nuestra rutina, todo nuestro concepto vital es puesto en tela de juicio, y el autoconocimiento y la autovaloración son instrumentos invalorables para el desarrollo de la autoestima, que se constituye en una de las principales piezas del proyecto de la nueva persona que queremos diseñar.

Las creencias: qué son y cómo influyen en nosotros

Y a propósito de esa nueva persona que usted está a punto de estrenar, es bueno que hablemos un poco acerca del significado de las creencias, y su influencia en el armado del nuevo mapa de nuestra vida futura.

¿Qué es una creencia? Una creencia es "algo que se acepta como real o verdadero". Pero, analizando el poder del lenguaje, podemos preguntarnos si esto hace que todas las creencias sean verdaderas. La respuesta a esto es categóricamente… NO. Una creencia es algo que *decidimos que es verdadero porque podría no serlo*.

Una persona puede creer que la vida es un desafío constante; otra, que es una experiencia fascinante; y una tercera, que no vale la pena el sufrimiento y el dolor que se experimentan en ciertas circunstancias. ¿Cuál de estas creencias es la verdadera? Todas. Ninguna. Una o dos. En realidad la afirmación será válida dependiendo de la óptica de quien emite el juicio.

Una creencia es algo que por alguna razón decidimos que tiene que ser cierto, en función de cómo percibimos la vida. Y esas creencias son puntales de apoyo para creer en una existencia que debe tener un cierto orden y ciertas premisas que nos permitan desarrollar nuestro proyecto vital.

Es necesario que les asignemos a las creencias su justo valor. Son eso y nada más, creencias, la opinión que tenemos de cómo deberían ser las cosas. Pero, atención, porque sean cuales fueren nuestras creencias, *controlan totalmente nuestra vida.*

Lo que usted está viviendo ahora es una consecuencia de sus creencias del pasado. Por eso, en esta nueva persona que hemos diseñado, que encara nuevos horizontes, es probable que tengamos que modificar ciertas creencias. Sin embargo reemplazar viejas creencias por nuevas puede llegar a asemejarse a algo así como derribar un enorme muro sólo con las manos.

Pero seguramente usted ya sabe cuán duro es ese muro, porque sin duda se ha lastimado una y otra vez intentando romperlo a golpes. Pero hay otras formas de derribarlo que no son tan traumáticas ni tan dolorosas. Lo primero que tenemos que admitir es que tenemos por delante un muro que no nos está dejando avanzar, o que no nos está dejando expresar todo aquello que constituye nuestra nueva identidad.

Creer no es equivalente a "ver de verdad" o a "ver la verdad". En realidad es todo lo contrario. Una creencia no es más que una suposición acerca de la realidad, construida a punto de partida de una información incompleta. La percepción directa de la realidad da por tierra con la creencia, que puede ser igual a la realidad o haber estado en total contradicción con ella.

Testear nuestras creencias

Usted está a punto de estrenar su flamante nueva identidad. Vea en este momento que el primer paso para cambiar una creencia es darnos cuenta de que no podemos confiar ciegamente en ella, si queremos ver la verdad o la realidad. Lo único confiable en la vida es la experiencia directa, o la visualización de la realidad tal cual ella es.

La verdad llega a través de la vivencia directa.

El bienestar va de la mano de apreciar la vida como es, y no de la manera que quisiéramos ilusoriamente que fuera. A la paz interior accedemos cuando logramos ver la verdad en toda su dimensión y la aceptamos, al mismo tiempo. No querer ver nuestra realidad, a los efectos de evitar sufrir, es justamente la fuente principal de nuestros sufrimientos.

¿Cómo se generan las creencias? Una de las formas es por repetición. Si estamos viendo, experimentando, oyendo y pensando algo con cierta frecuencia, o durante un tiempo prolongado, esto puede llegar a convertirse en una creencia. Por ejemplo, si juzgamos la actitud de una persona a punto de partida de lo que nos cuentan de ella y de algunos episodios que hemos presenciado, nos hacemos una imagen que no necesariamente es un reflejo de la realidad, pues la creamos a partir de una información incompleta. **Puede ser** no es sinónimo de **es**.

Otra manera de generar las creencias es a punto de partida de experiencias que han producido un impacto emocional importante en nuestra vida, dejándonos una "impresión" o una huella que nos condiciona en el futuro. A modo de ejemplo, una persona viaja en avión, y la nave sufre un desperfecto en pleno vuelo, que pone en peligro la vida de todos los pasajeros. Finalmente el problema se soluciona, pero apenas el avión toca tierra, en esa persona se afinca la creencia de que nunca más volverá a volar, a punto de partida de lo que le ha tocado vivir. Sin embargo, la realidad señala que hay muchísimos más accidentes fatales en el transporte por tierra que los inconvenientes que suceden con las aeronaves.

La fe: más allá de las creencias

Más allá de las creencias, en este segmento de su vida en el cual usted está a punto de utilizar todo lo que ha surgido del análisis que ha hecho sobre su existencia, su forma de ser de antes y de la nueva persona en la cual ha de convertirse, hay un elemento que quiero que tenga presente en cada paso a dar con firmeza y con seguridad.

Se trata de la fe, que es su arma más importante para darle forma definitiva a los resultados que está buscando. *La fe es la herramienta que sustenta de convicción a nuestros sueños e ilusiones.*

La fe opera en el nivel de los pensamientos, convirtiendo las convicciones en realidad.

Si tenemos la certeza de que podremos ejercer esta nueva identidad, y mostrarnos ante el mundo como personas capaces de autovalorarnos, a punto de partida de una autoestima saludable, podemos tener la seguridad de que esta forma de pensar acerca de nuestros nuevos atributos va a convertirse en una realidad tangible.

Ilustremos estos conceptos con un ejemplo que se da con mucha frecuencia en estos tiempos difíciles por los que todos estamos atravesando.

Nos proponemos realizar una actividad determinada, para lo cual hacemos un estudio de mercado, y evaluamos todas las posibilidades de culminar exitosamente nuestro emprendimiento. Resulta que a los treinta días, cuando hacemos el primer balance de nuestra novel actividad, los números no reflejan las expectativas que nos habíamos creado en cuanto al resultado.

Preguntas: ¿Cuál sería su reacción? ¿Cómo vería usted su futuro? ¿A qué pensamiento le daría más crédito: esperar a que la situación cambie de rumbo, finalmente, camino al éxito, o determinar que se trata de un fracaso irremediable?

Es muy posible que muchos de nosotros, ante esta realidad, centremos nuestra atención en el fracaso.

Y tengamos esto muy en cuenta: mientras predomine en nuestra mente una convicción de fracaso, sin duda hemos de fracasar, o sólo podremos rescatar el beneficio del éxito que estemos convencidos de poder alcanzar. El pensamiento y el sentimiento de éxito o fracaso serán el sustento de todas las medidas que podamos adoptar para cambiar nuestra realidad. El sentimiento se transforma en una especie de imán para atraer las circunstancias que van a hacer realidad nuestra creencia.

Recuerde: **ES IMPOSIBLE TENER ÉXITO EN UN EMPRENDIMIENTO MIENTRAS UNO PIENSA EN EL FRACASO, O SE SIENTE DE ANTEMANO COMO UN FRACASADO.**

En la práctica, cuando uno piensa en el éxito como una meta inalcanzable, porque en su interior se siente como un fracasado, este sentimiento profundo proyecta su oscuridad y negatividad sobre la realidad, culminando todo en un gran fracaso. Y esto es independiente de las áreas a las que nos estemos refiriendo, ya se trate de un negocio, de un problema familiar o profesional, o algo referente a nuestro estado de salud.

Hoy, que usted está practicando cómo salir al mundo con su nueva vestimenta, que lo hará atractivo o atractiva, porque usted mostrará una nueva personalidad, basada en un concepto de dignidad personal, quiero reiterarle que las llaves necesarias para cumplir sus sueños son la visión y la fe. Ha de tener una visión clara de adónde quiere llegar, y debe a la vez confiar en todo el proceso que lo aproxime al éxito final.

Para cultivar la fe es necesario liberarnos de aquellos sentimientos que alimentan la desconfianza y las falsas creencias. Sobre todo, de las creencias autodevaluatorias, que nos hicieron creer durante tanto tiempo que no éramos capaces ni merecedores de muchas cosas, conceptos que hoy hemos derribado definitivamente, para dar paso al derecho que nos asiste a ser personas que viven en paz consigo mismas, a punto de partida de haber comprendido la importancia del autoconocimiento y, por ende, de la autovaloración.

Confiar en los procesos

Las circunstancias pueden ser difíciles, pero lo fundamental es negarnos a aceptar pasivamente que ciertos indicadores nos aproximan al fracaso. Tampoco adoptar un pensamiento positivo, por sí solo, resuelve la situación, sino que la fe, basada en los principios y valores que sustentamos, nos orientará hacia un desarrollo exitoso de nuestros proyectos.

Si nos concentramos sólo en los problemas, no veremos la salida. Cuando abandonamos transitoriamente el miedo, estamos abriéndonos a nuevas soluciones.

Junto con el abandono transitorio del miedo, tenemos que tomar medidas para cambiar, pero a punto de partida de una actitud más orientada a confiar y a tener fe en que estamos recorriendo el camino correcto. En lugar de vivir preocupados por el mañana, lo que debemos comprender es que en el ejercicio de la preocupación no hay inteligencia alguna.

Los verdaderos problemas a que nos vemos enfrentados los seres humanos surgen no de lo que nos sucede, sino de las preocupaciones y exigencias de lo que creemos que debiera ocurrir o de lo que tememos que no ocurra.

Imaginemos un individuo que disfruta de una cena maravillosa. El objetivo final es que se sienta complacido con los manjares que ha degustado. Ahora bien, ¿a usted se le ocurriría abrirle el estómago, para ver si los procesos digestivos se están cumpliendo normalmente? ¿Verdad que no? Es una barbaridad. Pues bien, lo mismo vale para cualquier pronóstico que podamos hacer. Creamos la visión del resultado final, en este caso el bienestar de quien estaba disfrutando de la comida, pero a su vez confiamos en el proceso, en este caso la función del aparato digestivo del individuo en cuestión.

Lo mismo es aplicable a la visión de la finalidad de nuestra vida.

Siempre están actuando simultáneamente la INTENCIÓN y la ATENCIÓN. La intención es el enfoque que se dirige específicamente hacia el objetivo. Una vez que tenemos clara cuál es la intención, se crea todo aquello en que necesitamos centrar la atención para que la intención se haga realidad. No es un juego de palabras. Es el fiel reflejo de cómo se dan nuestros procesos en la vida cotidiana.

Sin enfoque no hay rumbo. Si no tenemos intenciones que cumplir, tampoco hay motivaciones que nos empujen a la acción.

UNA INTENCIÓN CLARA NOS LLEVA DE LA MANO A LAS COSAS A LAS QUE DEBEMOS PRESTARLES ATENCIÓN, PARA PRODUCIR LOS RESULTADOS DESEADOS.

Cuando tenemos convicción y fe en lo que hacemos, elementos necesarios para salir al mundo envueltos en la bandera de nuestra nueva imagen, encontramos alternativas que nos permiten desarrollarnos de una manera totalmente distinta de lo que originalmente podíamos haber imaginado.

La manera en que percibimos el mundo está íntimamente ligada al mundo que podemos crear con nuestro esfuerzo. Nuestra realidad es el fiel reflejo de cómo pensamos, cómo creemos, cómo sentimos y cómo actuamos, haciendo especial hincapié en los sentimientos, que son los imanes que atraen las circunstancias.

Tomarnos el tiempo para observarnos a nosotros mismos es la verdadera clave para escuchar y ver la verdad. Liberarnos de aquello que nos hace daño es la clave para ir en la búsqueda del bienestar.

¿Hay algo más que se pueda hacer? No nos es posible desprendernos del pasado ni prever el futuro. Liberarnos y hacer el esfuerzo por vivir en el momento es la única manera de acceder al bienestar.

¿De qué nos liberamos? De todo el malestar emocional que hemos ido acumulando como fruto de nuestras experiencias desagradables. Liberarnos es llevarnos al nivel de equilibrio, donde nos será posible vivir la vida sin mirar a través del cristal de los errores del pasado, o de las inquietudes o incertidumbres del futuro.

Poner proa hacia un nuevo horizonte es tomar conciencia de que todos nos enfrentamos a obstáculos, a conductas destructivas, a niveles enormes de estrés, y en muchos casos a adicciones que nos hacen sufrir profundamente. El malestar emocional es una señal de alarma, un reloj despertador que nos anuncia que ha llegado la hora de reaccionar y de liberarse. Y el principal objetivo de esta liberación es tener el coraje de examinar nuestras debilidades y de hallar el lado profundo de nuestra vida.

Todo lo que podamos necesitar en esta fase de lanzamiento de nuestra nueva imagen podremos encontrarlo apretadamente en estos cinco elementos esenciales para la curación interior y el crecimiento.

- **INTERÉS:** respetarnos lo suficiente como para explorar con un criterio amplio qué podemos hacer para facilitar nuestro crecimiento de una manera totalmente diferente de todo lo que hemos hecho hasta el presente.
- **VOLUNTAD:** para autovalorarnos y sanar heridas internas; disposición a observarnos y a emitir conclusiones sin prejuzgar acerca de los resultados que podremos obtener.
- **TOLERANCIA:** es preciso que le demos tiempo a nuestro organismo para que se depure y recupere su equilibrio. Nos hemos maltratado emocionalmente durante muchos años, por lo que no podemos esperar resultados de un día para otro, aunque es posible que podamos apreciar algunos adelantos en forma inmediata.
- **AUTOCUIDADO:** el cuidado de nuestros cuerpos físico y emocional es el primer paso para querernos y respetarnos. Esta actitud nos permite revalorar nuestro yo, abriendo nuestro corazón y permitiéndole que ocupe el centro del escenario de la vida.
- **CORAJE:** se necesita de mucho coraje para enfrentar y reconocer como propias las circunstancias que nos ha tocado vivir, en lugar de culpar a los demás o a las circunstancias externas. Con valor y esfuerzo, sentiremos el espíritu de lucha cuando abordamos y abandonamos los temores. Por el contrario, sin valor y entregándonos, el miedo toma las riendas y comanda nuestra vida. Una vez que logramos liberarnos de los temores, descubrimos que ya no es necesario el valor. Éste sólo es necesario cuando hay temor. No estando el miedo, el valor se transforma solamente en un acto natural del ser humano.

Si vivimos sin resistencia, se nos abrirá la puerta hacia el nuevo horizonte que siempre hemos soñado. Descubriremos nuestra capacidad para vivir con bienestar, a pesar de aquellas circunstancias que no podemos cambiar.

No hay mejor momento que éste para acceder al tan necesario bienestar. Si no es ahora, ¿cuándo? La vida siempre va a estar llena de dificultades o desafíos. Lo que se impone es desprendernos de nuestros viejos hábitos. Pensemos que, de proa hacia un nuevo horizonte, nuestra vida va a mejorar, porque seremos los protagonistas de nuestra propia historia, aunque siempre encontremos algunos obstáculos en el camino, algo así como el pago de un peaje hacia la felicidad.

Las dificultades son una parte inseparable de la vida, y pretender librarse de todas ellas no es la manera de encontrar el bienestar y la felicidad. Apreciemos cada momento, el tiempo no espera a nadie. No esperemos eternamente para sentirnos bien. No depende del trabajo que tengamos, de haber encontrado a la pareja ideal, de poder bajar los cinco o diez kilos que tengamos de más, o de que nuestros hijos crezcan, o de que llegue la primavera, o hasta de tener el dinero suficiente.

HALLAR EL CAMINO HACIA EL BIENESTAR FORMA PARTE DE UN LARGO VIAJE, NO ES UN DESTINO FINAL.

El primer compromiso es con nuestra salud

De proa hacia un nuevo horizonte implica también un compromiso personal con el cuidado de los tres pilares de la salud, el **FÍSICO**, el **MENTAL** y el **ESTÉTICO**. Todos y cada uno de nosotros deseamos tener una salud integral, que abarque un buen funcionamiento de nuestra usina generadora de energía, nuestro cuerpo físico; una salud emocional que nos permita disfrutar de un equilibrio genuino, mediante la paz mental, y una vitalidad que traduzca el cuidado de nuestro cuerpo, independientemente de la etapa de la vida en la que nos encontremos.

La alimentación nos proporciona el combustible natural de la energía, que le permite a nuestro organismo atender sus necesidades para las distintas funciones para las cuales fue diseñado. Nuestro cuerpo utiliza aquello que necesita, y elimina los desechos. ¿Qué le sucedería al cuerpo si no lograra eliminar aquello que no necesita? Seguramente en un principio nos sentiríamos incómodos y no podríamos funcionar en nuestro mejor nivel, hasta que finalmente se instalaría la enfermedad. Y finalmente, si no nos deshiciéramos de aquello que nos sobra, moriríamos.

En nuestra área mente también se producen residuos que debemos eliminar. Todos tenemos una visión de cómo quisiéramos que fuera nuestra vida. Deseamos las mismas cosas en general, sentirnos bien, alcanzar la paz interior y encontrar el equilibrio justo que nos permita no estar en guerra con nosotros mismos.

El mundo nos proporciona, por medio de nuestros sentidos, la información que nuestro cerebro ha de procesar. Los elementos provienen de diversas fuentes: nuestro ámbito de trabajo, la familia, la prensa escrita, oral o televisiva, la naturaleza, etc. Hoy en día la información de los lugares más distantes llega en instantes, y generalmente no es de la que más necesitamos. Entre todo este material que recogemos y procesamos, decidimos finalmente qué vamos a utilizar, debiendo eliminar el resto.

Pero, a diferencia de lo que sucede con nuestro cuerpo físico, aquí no eliminamos lo que nos sobra ni con la frecuencia, ni en la cantidad que necesitaríamos para mantener nuestra salud mental. No eliminar lo que sobra genera una situación de estrés crónico, ansiedad, depresión e inseguridad, convirtiéndonos en seres que hemos perdido el control de nuestra vida.

Este exceso de desechos emocionales afecta nuestra paz mental y se proyecta sobre nuestro cuerpo, produciendo lo que conocemos con el nombre de "somatizaciones", es decir, alteraciones de la función en distintos sistemas orgánicos, como episodios de hipertensión arterial, trastornos del aparato digestivo, el carácter y el sueño, etcétera.

La vida es muy complicada, y la recepción de información es muy intensa y nos obliga a procesarla con rapidez, separando aquello que nos sirve de aquello que puede potencialmente dañarnos. Si bien decimos una y otra vez que deseamos liberarnos de nuestros problemas, en la práctica no lo hacemos; es más, nos adaptamos a vivir mal, con una serie de problemas existenciales, que, por otro lado, nos eximen de responsabilizarnos por encontrar caminos que nos permitan aproximarnos a nuestro bienestar.

Sé que esto es muy duro de admitir, pero sea honesto u honesta, examine su situación y vea si algo de lo que estoy exponiéndole tiene que ver con lo que a usted le está pasando.

Tengo la certeza de que usted logrará identificar alguna de estas situaciones como propia, y es probable que haya llegado la hora de que se disponga a cambiar su realidad.

El cuidado de nuestra salud estética exige de nosotros un atento seguimiento de nuestras modificaciones corporales, no tratando de retroceder en el tiempo, sino admitiendo nuestra edad y nuestras condiciones, ejerciendo el derecho a una sana autoestima. Ésta no permitirá que nuestro organismo se deteriore por falta de cuidado, por un sobrepeso que ha sido nuestra responsabilidad o por autoagresiones, como el tabaquismo, el alcoholismo, la drogadicción o el consumo indiscriminado de psicofármacos.

Envejecer con dignidad, sí, pero asistir a nuestro propio derrumbe por abandono de nuestras responsabilidades en la administración de nuestro cuerpo, de ninguna manera. Es una afrenta a ese maravilloso regalo que D'os y la Naturaleza nos han hecho, con una única obligación por parte nuestra, que es administrarlo con sobriedad y racionalidad.

El respeto por los tres pilares de la salud forma parte inseparable de este nuevo proyecto de vida que estamos terminando de construir juntos, y que ha sido el motivo central de la intención de escribir este libro.

Sólo el esfuerzo conduce al éxito

De proa hacia un nuevo horizonte es definitivamente liberarnos de los sentimientos y emociones que nos hacen sentirnos atascados en nuestro deseo de progresar y crecer como seres humanos dignos de respeto. Si a esta altura de su lectura usted siente que aún necesita de la aceptación de los demás, es que no se ha podido liberar. ¡Persevere en su esfuerzo! No me cabe duda de que lo va a conseguir.

Cuanto mayor sea el esfuerzo consciente que hagamos por obtener esa liberación, más descubriremos cómo somos como personas y qué es lo que realmente deseamos en la vida. Abandonar lo que sentimos que está mal debe ser un acto que preceda a la decisión de acercarnos a aquello que sí queremos para nosotros.

Abandonar, o dejar ir, es una opción; aferrarse sólo es una manera de justificarnos para continuar simulando que no somos responsables de lo que sentimos, o que todos nuestros sentimientos están causados por circunstancias externas y ajenas a nuestra voluntad.

Lo fascinante de la vida es descubrir quiénes somos en realidad, y conocer en profundidad nuestra naturaleza. Para aproximarnos a ese ser que somos realmente debemos abandonar todas las imágenes preconcebidas acerca de nuestra persona. Cuando lo falso se va, inmediatamente emerge lo verdadero.

Un ser humano auténtico no tiene por qué aferrarse a nada, no necesita bastones para apoyarse. Es lo suficientemente independiente de cuerpo y alma para autosustentarse y para poder elegir cómo y con quién se relaciona, uniendo lo mejor de su persona con lo mejor de quien acompañará la magia y la belleza del encuentro entre dos seres que así lo desean.

Los avatares de la Existencia nos enfrentan a situaciones inesperadas que nos afectan profundamente. En algunas oportunidades quizá no tengamos elección frente a lo que la vida nos presenta, pero sí hay algo por lo que siempre podremos optar: manejar nuestra respuesta frente a los acontecimientos. Esa libertad nadie nos la puede quitar. Hagamos buen uso de ella.

De proa hacia un nuevo horizonte es ir tras la paz interior, la alegría de vivir y la recuperación de los valores esenciales que hacen que la vida tenga sentido. Podemos atravesar muchas situaciones críticas a lo largo de la existencia, pero sólo tendremos la sensación de que nuestra crisis ha llegado a su punto de ruptura, al límite máximo, cuando no sentimos la rebeldía de estar dispuestos a aprovecharla, como punto de partida de un cambio decisivo.

Liberarnos de nuestras propias ataduras no significa que abdiquemos de nuestra responsabilidad de conducir los destinos de la vida; se trata de actuar, pero desde un lugar de paz interior.

Soltar las amarras de nuestros sentimientos permite que la mente navegue por aguas serenas, visualizando entonces otras cosas que tal vez requieran de nuestra atención, como errores pasados que es necesario olvidar o resolver, y heridas del alma que debemos ayudar a cicatrizar.

No podremos encarar nuestros dilemas si nuestra mente está totalmente ocupada con los problemas que hemos ido acumulando a lo largo de nuestra vida.

Para que soplen vientos nuevos y seamos capaces de volver a dibujar una sonrisa en los labios es necesario abandonar antiguos hábitos, dar por tierra con creencias que han sido obstáculos insalvables en el camino de nuestra reconstrucción, y permitir así que esa brisa suave que acaricia los sueños que hemos cuidadosamente construido pueda entrar por la puerta grande de nuestras esperanzas.

Un problema encarado a tiempo es un problema menos

Siempre es más fácil y requiere de menos tiempo y esfuerzo liberarse de los problemas cuando aparecen que ligarnos a ellos.

Increíblemente, invertimos la mayor parte de nuestra energía utilizable en reprimir lo que sentimos y en quedar atrapados en las emociones negativas que los problemas cotidianos nos generan.

La sugerencia es que trate de solucionar el problema apenas se presenta. Y cuando nos sentimos invadidos por la sensación de que no tenemos recursos, ésa es la señal más clara y contundente de que tenemos que pedir ayuda.

Si logramos observar nuestros conflictos en el momento en que éstos se crean, podremos enfrentarlos con fuerza y voluntad de resolverlos, en lugar de vernos envueltos y arrastrados por ellos, permitiendo que tomen así el comando de nuestros sentimientos.

Uno de los obstáculos más importantes a los que nos enfrentamos cuando tenemos que lidiar con los problemas cotidianos es que, en vez de tratar con esfuerzo de liberarnos de éstos definitivamente, intentamos pensar cómo podríamos manejarlos. La solución no radica en hacer un gran esfuerzo y tratar de olvidarlos.

Optar por este camino nos lleva a quedar atrapados con ellos, y a que queden silenciados, favoreciendo de este modo que dentro de un cierto tiempo vuelvan con mucha más fuerza. Liberar los problemas nos lleva a verlos de una manera diferente, aunque externamente nada haya cambiado.

En realidad el cambio se ha producido adentro, y lo único que sucedió es que hemos decidido conscientemente dejar de resistirnos a la suma de adversidades, y reconocerlas, para luego ordenar hacia dónde hemos de dirigir nuestra atención.

Apuntar la proa hacia un nuevo horizonte le permitirá surcar los cielos y los mares, salir a la vida a demostrarles, a usted mismo o a usted misma y a todas aquellas personas que quieran acompañarlo, que ha sido capaz de tener el coraje y la fuerza de trabajar sobre su propia persona para generar una nueva identidad, sobre la base del análisis honesto de sus éxitos y fracasos.

Ha ganado confianza en usted mismo y ha ganado respeto por su persona. Tiene en sus manos dos de las armas más valiosas para acceder a la paz y el bienestar que tanto necesita.

Sólo resta iniciar esta travesía y disfrutar plenamente de una nueva manera de sentir e interpretar los acontecimientos de la vida y de comprender que, si todos los seres humanos asumiéramos el compromiso de emprender el camino del autoconocimiento, podríamos construir un mundo mejor, donde la tolerancia y el respeto fueran el único modo de comunicarnos plenamente.

Le deseo mucha suerte en su esfuerzo y en su intento de ser un poco mejor cada día, rumbo a esa nueva persona que usted acaba de crear, en beneficio propio y de quienes lo rodean.

✣ ✣ ✣

El éxito

El éxito no siempre tiene que ver con lo que mucha gente ordinariamente se imagina.

No se debe a los títulos que tienes, sean de nobleza o académicos, ni a la sangre heredada, o a la escuela donde estudiaste.

No se debe a las dimensiones de tu casa, o cuántos autos caben en tu cochera, o si son último modelo.

No se trata de si eres jefe o subordinado, o si escalaste la siguiente posición en tu organización, o estás en la ignorada base de la misma.

No se trata de si eres miembro prominente de clubes sociales o si sales en las páginas de los periódicos.

No tiene que ver con el poder que ejerces, o si eres un buen administrador, si hablas bonito, si las luces te siguen cuando lo haces, o si eres religioso o no.

No es la tecnología que empleas, por brillante y avanzada que ésta sea.

No se debe a la ropa que usas, o si gozas de un tiempo compartido, si vas con regularidad a la frontera, o si después de tu nombre pones las siglas deslumbrantes que definen tu "status", para el espejo social.

No se trata de si eres emprendedor, hablas varios idiomas, si eres atractivo, joven o viejo...

El éxito

Se debe a cuánta gente te sonríe, y a cuánta gente amas y cuántos admiran tu sinceridad y la sencillez de tu espíritu. Se trata de si te recuerdan cuando te vas.

Se refiere a cuánta gente ayudas, a cuánta gente evitas dañar y si guardas o no rencor en tu corazón. Se trata de si en tus triunfos incluiste siempre tus sueños. De si no fincaste tu éxito en la desdicha ajena y de si tus logros no hieren a tus semejantes.

Es acerca de tu inclusión con los otros, no de tu control sobre los demás; de tu apertura hacia todos los demás, y no de la simulación para con ellos.

Es sobre si usaste tu cabeza tanto como tu corazón, si fuiste egoísta o generoso, si amaste la naturaleza y a los niños y te ocupaste de los ancianos.

Es acerca de tu bondad, tu deseo de servir, tu escuchar y tu valor sobre la conducta ajena. No es acerca de cuántos te siguen, sino de cuántos realmente te aman.

No es acerca de trasmitir todo, sino de cuántos te creen, de si eres feliz o finges estarlo.

Se trata del equilibrio, de la justicia, del bien ser que conduce al bien tener y al bien estar.

Se trata de tu conciencia tranquila, tu dignidad invicta y tu deseo de ser más, no de tener más.

AUTOR ANÓNIMO

Reflexiones finales

Si evito que un corazón se rompa,
no habré vivido en vano;
si mitigo el dolor de una vida,
o alivio un sufrimiento,
o llevo de nuevo al nido
a un pichón herido,
no habré vivido en vano.

EMILY DICKINSON

Hasta aquí, usted ha recibido una serie de estrategias tendientes a estructurar un plan ordenado para desarrollar una sana autoestima. También es cierto y lo habrá podido apreciar a medida que avanzaba en la lectura de este libro, que hay algunas preguntas fundamentales que debemos hacernos, y que tienen que ver con la esencia misma de quienes somos.

A veces no tomamos conciencia de hasta qué punto somos jueces implacables de nuestra propia conducta. Todos los aspectos que componen las relaciones humanas son juzgados a diario por nosotros; nuestra motivación, nuestros comportamientos, nuestros sentimientos y cada actitud que tenemos es analizada por la evaluación que hacemos de los hechos.

Surgen de esa crítica aguda preguntas que tienen que ver con los cuestionamientos que nos hacemos respecto de nuestra misión en la vida, y aun interrogantes más primitivos, como ¿quiénes somos?, ¿qué queremos?, ¿hacia dónde nos dirigimos?, ¿estamos satisfechos con lo que la vida nos ha otorgado? Sin duda, las respuestas pueden llegar a movilizar los cimientos más firmes que pudimos haber creado a lo largo del tiempo.

Enfrentarse o huir de las respuestas son dos posibilidades que se presentan con igual oportunidad, pero si elegimos la segunda, las preguntas seguirán estando allí, a la espera de que algún día, quizá cuando llegue la madurez, tengamos la valentía y el coraje de enfrentarnos a nuestra propia Verdad.

Y esa Verdad emergerá de lo más profundo de nuestro Ser, pues será el fruto del diálogo interno, del encuentro con lo mejor de nuestra persona, de habernos dispuesto a tomar un café con nosotros mismos, para que, sin ataduras de ninguna especie, podamos recorrer libremente los jardines de nuestros sentimientos, y tomar así contacto profundo con nuestros deseos y necesidades.

No sólo rosas hemos de encontrar en los jardines de nuestros sentimientos, sino que también habrá espinas que nos han de lastimar y hacer sentir mucho dolor, al comprobar nuestros errores, nuestras omisiones y la ausencia de confianza y respeto por nosotros mismos.

Pero el sufrir tiene que tener un límite. El límite está dado por el deseo irrefrenable de construir una nueva identidad, bajo el influjo de la necesidad de comenzar a respetar nuestras señales internas y darles la jerarquía que se merecen, ubicándolas en primer lugar, desplazando nuestra costumbre de respetar siempre el deseo y la necesidad de los demás.

Esto es autoestima, no egoísmo; esto es respeto y dignidad por nuestra propia persona; esto es ser coherente con aquello que venimos sintiendo desde hace mucho tiempo y que no habíamos tenido la fortaleza hasta hoy de analizar, por temor a ser personas diferentes y a perder de esa manera el reconocimiento de quienes nos rodean.

Pero llega un momento en la vida de cada uno de nosotros en que comprendemos que no podemos seguir viviendo para cumplir con las expectativas de todos, relegando al último lugar nuestros deseos y necesidades, y sentimos la responsabilidad de comenzar a confiar en nuestros pensamientos y de preocuparnos por aprobar nuestra conducta.

La manera en que nos relacionemos con nosotros mismos incidirá en la forma en que tomaremos contacto con las demás personas de nuestro marco social; esto significa que, si vivimos en equilibrio y paz interior, seremos capaces de transmitir estos valores esenciales a nuestras relaciones cotidianas.

¿Cómo lograr hoy, en un mundo profundamente convulsionado, no estar en guerra con uno mismo? La forma es no desarrollar batallas contra enemigos inexistentes que consumen nuestra energía. Esta energía es una sola y la podemos utilizar en nuestro beneficio o en conductas que nos aproximen a la autodestrucción.

La pregunta "¿Qué quiero para mi vida?" aparece en este momento en letras de molde, pues hará de punto de inflexión donde cada uno de nosotros encontrará *su* respuesta y, a punto de partida de ese lado profundo de la vida, comenzará a construir un camino donde el respeto por nuestras señales internas sea el objetivo más importante.

Todos estamos capacitados para realizar este verdadero ejercicio de vida. He trazado algunas pautas a lo largo de este libro para que lo ayuden, como si usted tuviera en sus manos un plano de su existencia. A partir de hoy, en que acaba de finalizar la lectura, propóngase pasos pequeños, pero firmes, hacia un cambio que usted viene sintiendo hace tiempo que es impostergable.

Utilice este libro en forma completa. Subraye lo que considere importante y que usted siente que refleja lo que es su vida hoy. El libro tiene que estar a su servicio. Lea y relea aquellos capítulos con los que se sienta más identificado. De esta manera, el libro se convertirá en su amigo, consejero y guía espiritual para fortalecer a la nueva persona que saldrá al mundo con la frente en alto, respetándose a sí mismo y respetando a quienes conviven con usted.

Éxito en su misión, y muchas gracias por aceptar mis sugerencias.

BIBLIOGRAFÍA

BRANDEN, Nathaniel: *El respeto hacia uno mismo*, Editorial Paidós, Argentina, 1990.

BRITT, Jim: *Libera tu auténtico poder*, Urano, España, 2002.

CARLSON, Richard: *No te ahogues en un vaso de agua*, Editorial Grijalbo, España, 1997.

DUBROVSKY, Sergio: *Crisis de vida en la mediana edad*, Editorial Galerna, Argentina, 1985.

FINLEY y DICKSTEIN: *El enemigo íntimo*, Editorial Llewellyn Español, Estados Unidos, 1997.

HYATT, Carole y GOTTLIEB, Linda: *Qué hace una persona inteligente cuando fracasa*, Editorial Javier Vergara, Argentina, 1988.

KATHERINE, Anne: *Donde terminas tú, empiezo yo*, Editorial Edaf S.A., España 1999.

RIBA, Lidia María: *Para un hombre de éxito*, Editorial Vergara y Riba, China, 2001.

— *Nunca te rindas*, Editorial Vergara y Riba, China, 2001.

— *Todo es posible*, Editorial Vergara y Riba, China, 2001.

SCHUTZ, Susan Polis: *Recuerda que el sol volverá a brillar para ti*, Editorial Vergara, Argentina, 1998.

SLEIGH, Julián: *Momentos de crisis*, Editorial Sirio, España 1988-1998.

SUCCESORIES, Inc.: *La esencia de la actitud*, Editorial Granica, España, 2000.

Si, como era mi intención, la lectura de este libro lo ha llamado a la reflexión y ha generado en usted interrogantes, preguntas o comentarios, tenga la certeza de que ellos son sumamente importantes para mí.
Pongo a consideración de los lectores los conceptos que se vierten en mis libros; ellos son los jueces inapelables de mi trabajo.
Si siente la necesidad de trasmitirme algo que haya surgido del análisis profundo de su situación personal, o los sentimientos que se hayan despertado en usted al tomar contacto con su realidad, no vacile en hacerme llegar su opinión al respecto, sabiendo desde ya que será bienvenida.
Puede escribirme, si así lo desea, a la siguiente dirección de correo electrónico:

wdresel@adinet.com.uy

o también puede visitar mi página web y allí dejarme su mensaje:

- www.exitopersonal.org

Desde ya, muchas gracias.

Dr. Walter Dresel

ÍNDICE

Prólogo 9
Introducción 11

Primera parte
LA VULNERABILIDAD DEL SER HUMANO FRENTE A LAS PÉRDIDAS

1. Análisis del impacto de los fracasos 17
   Vivir es arriesgarse a fracasar 18
   Cómo interpretamos los fracasos 20
   Cuando caen los modelos 21
   La importancia de los fracasos 23
   Los cinco peldaños 25
   Cómo empezar a sentirse mejor 35
   Una cuestión de actitud 36
   La salud del alma 38

2. ¿Somos realmente víctimas? 44
   La diferencia entre los hechos
   y los sentimientos 45
   Culpa no, responsabilidad sí 47
   Somos lo que creemos 48
   Ser o no ser víctima: una decisión 50
   Intención, decisión... ¡acción! 52

Apropiarse del conflicto es empezar
  a solucionarlo 54
Las emociones negativas 56
Lo que nos enseñan las crisis 61
Revalorizar nuestras emociones 64
Apelar a nuestros sentimientos,
  no reprimirlos 65

3. Nuevas interpretaciones para nuestra
   historia personal 69
   Falta de control 70
   El cristal con que se mira 71
   La crisis como oportunidad 74
   El fin puede ser el principio 75
   El peso de los mandatos 78
   Cambiando el color de nuestra vida 80
   Desprenderse de las etiquetas 81
   Somos lo que creemos ser 83
   La solución viene con el problema 85
   Nuestros puntos débiles pueden ser
     nuestra fuerza 86

Segunda parte
LA AUTOESTIMA, INSTRUMENTO FUNDAMENTAL DE NUESTRO BIENESTAR

4. ¿Qué es la autoestima? 99
   Respetarse 100
   Creer en uno mismo 102
   Qué es la autoestima 102
   Analice su propio nivel 104
   Una experiencia personal intransferible 107

Consecuencias de una alta o baja
   autoestima 109
Una autoestima positiva: condición de
   un destino exitoso 113
Los orígenes de la autoimagen 113
El camino del éxito está empedrado
   de fracasos 116
Escuela de la vida 117
Nada llega solo y sin esfuerzo 120
Autoexigencia sí; benevolencia también 121
Test de autopostergación 123
El primero de la lista 124

5. **Las fuentes naturales de la autoestima** 131
   Cómo se desarrolla la autoestima 133
   Viaje a las profundidades del ser 135
   Los juncos no se quiebran 140
   El miedo a la soledad 142
   Autoestima y conductas compulsivas
      y dependientes 143
   Nos relacionamos con los demás como
      con nosotros mismos 143
   Midiendo nuestra autoestima 148
   Aprender a manejar nuestro tiempo 151

6. **El derecho al bienestar, los espacios**
   y los límites 156
   Sólo uno sabe dónde le duele 157
   Vivir según nuestros pensamientos 158
   Respetarse: condición para respetar
      a los demás 159
   Cuando "portarse bien" no trae nada
      bueno 162

Cinco minutos diarios de gimnasia
    espiritual 164
Darse permiso para equivocarse 165
Los inconvenientes de la independencia 166
Los límites físicos 169
Los límites emocionales 170
La función de los límites 171
¿Dónde están sus límites? 173
La responsabilidad por la propia salud 174
Cuando los otros nos invaden 177
Beneficios de una buena delimitación
    territorial 178

Tercera parte
HACIA EL ÉXITO A TRAVÉS
DE UNA NUEVA IDENTIDAD

7. El período de transición 185
    Las etapas de la transición 186
    El autoconocimiento: nuestro mayor
        logro 194
    La perfección no es la excelencia 195
    Cortar la espiral del estrés 197
    Cuando estar ocupados es una excusa 199
    Que empiece la función 201
    El arte de la paciencia 202
    No siempre es importante tener la razón 205
    El tiempo es la mejor perspectiva 206
    Aunque la vida sea injusta 207
    Hay que parar para poder seguir 209
    La importancia de esta etapa 210

8. La autovaloración. El verdadero significado
   de tomar un café con uno mismo 213
   Rumbo al centro de nuestro ser 215
   Una necesaria cuota de humildad 216
   Viaje interior hacia la luz 217
   Comprender las fuerzas positivas
      y negativas 221
   La verdadera fuerza 223
   Crecer de adentro hacia afuera 224
   La autovaloración como punto
      de referencia 226
   Poner fin al conflicto con la vida 227
   Para encontrar hay que buscar 229
   Cómo conseguir la libertad 230
   Un café y muchas preguntas 233
   Confrontar nuestras certezas 234
   Sonría: la reconstrucción está en marcha 236
   Para estar seguro hay que arriesgarse 238
   Salir a estrenar una nueva imagen 239
   El valor de nuestra propia compañía 240
   ¿Y después del café? 242

9. De proa hacia un nuevo horizonte 246
   Metas positivas versus emociones
      negativas 247
   La trampa de lo conocido 253
   Las creencias: qué son y cómo influyen
      en nosotros 254
   Testear nuestras creencias 255
   La fe: más allá de las creencias 257
   Confiar en los procesos 259
   El primer compromiso es con nuestra
      salud 263

Sólo el esfuerzo conduce al éxito 266
Un problema encarado a tiempo es
   un problema menos 268

Reflexiones finales 273

Bibliografía 277